KB190787

자녀양육의 위기 극복하기

Solving the Crisis in Homeschooling

자녀양육의
위기 극복하기

— 홈스쿨 부모가 빠지기 쉬운 일곱 가지 맹점 —

렙 브래들리 저 | 임종원·임하영 공역

홈앤에듀

이 책은 홈스쿨의 위기를 어떻게 극복하느냐에 국한되지 않고, 자녀양육에 관한 성경적인 원리와 실제적인 적용까지 보여준다. 부모의 규칙과 통제가 자녀들을 변화시키는 것이 아니라 자신의 죄인됨을 알고 그리스도의 사랑에 넘쳐, 진정으로 자녀를 사랑하는 부모를 통해 하나님은 자녀들을 변화시켜 가신다. 이 책을 통해 다음세대를 제자화하기 위한 하나님의 주권적인 인도하심에 도구로 사용되어지는 부모의 기쁨을 발견하기를 기대한다.

길미란 주님의은혜교회 사모

"순종 그 자체야말로 가장 고귀한 성공이에요!" 많은 부모가 자기의 욕심으로 자녀를 양육한다. 그러나 성공은 무엇을 하느냐가 아니라 부모 자신이 어떻게

하나님의 뜻에 순종하느냐에 달려있다. 이 책은 전작
『성경적 자녀양육 지침서』의 완결판과 같은 책이다.
성공적인 자녀양육을 위해 온갖 방법을 시도해 보았
지만, 여전히 무엇이 문제인지 고민하는 부모들에게
강력히 추천하고 싶다.

신종철 조슈아홈스쿨아카데미 대표

　　처음 홈스쿨을 소개받을 때 우리는 홈스쿨을 통해
얻을 수 있는 수많은 영적 유익에 대해 먼저 듣게 된
다. 그러나 막상 홈스쿨의 모험을 떠나는 이들에게는
아직 수많은 질문이 해결되지 않은 채로 남아있다. 이
책은 홈스쿨로 자녀를 양육하고 다양한 홈스쿨 가정
의 현실을 경험한 렙 브레들리 목사님의 솔직한 경험
을 소개하며 홈스쿨 가정이 빠질 수 있는 함정들을 미
리 발견할 수 있도록 친절하게 가이드하고 있다. 홈스
쿨 부모에게 이보다 더 필요한 책은 없다.

주우규 지구촌교회 글로벌홈스쿨링아카데미 담당목사

우리는 홈스쿨에서 모범을 찾는다. 실패를 피하고 싶어서, 부모로서 성공하고 싶어서다. 그래서 보고 따라 하면 똑같은 결과가 보장된다고 믿는다. 그러나 대부분 우리가 따라 할 수 있는 것은 겉으로 드러나는 외형적인 것일 때가 많고 정작 우리가 본받고 배워야 할 것은 잘 보이지 않는다는 것이 문제다. 그런 점에서 이 책은 우리가 홈스쿨의 여정에서 대부분 직면하게 될 위기를 미리 알려준다. 이미 이 위기를 겪고 있는 부모라도 희망이 될 것이다. 자신의 실패를 희망의 메시지로 변모시킨 저자의 용기에게 감사한다.

황병규 IBLP KOREA 대표

물질주의, 성공주의 사상이 자신도 모르게 지배하고 있는 현대 사회에서 자녀양육은 부담이자 자칫 짐이 되는 시대에 우리는 살고 있습니다. 신본주의가 아닌 인본주의 교육 안에서 경쟁, 입시 위주의 교육으로 병들어가는 자녀들을 보면서 크리스천들은 '홈스쿨'이라는 새로운 대안적 교육을 찾거나 만나게 됩니다. 하지만 모두가 왼쪽으로 가는데 홀로 오른쪽 길을 선택하는 것 만큼이나 두렵기도 하고 또 그만큼 용기가 필요한 선택이기도 합니다.

그러나 홈스쿨을 하게 되면서 홈스쿨이 새로운 대안교육이 아닌 원래의 교육인 원안교육임을 알게 되고 물질주의, 성공주의의 눈꺼풀을 조금씩 벗으며 가치관의 변화들을 갖게 됩니다. 맞벌이를 하지 않음에도 불구하고 자녀를 더 낳기 원하며 또는 입양을 하기도 합니다. 직장, 거주지 선택 등 여러가지 분야에서 변화를 시도하기도 합니다.

홈스쿨을 하게 됨으로 얻게 되는 가정의 축복들은 참 많습니다. 그러나 성경적인 자녀양육을 하기 위해 홈스쿨을 선택했음에도 불구하고 인간은 죄인이기에 여러 가지 어려움과 위기를 맞이합니다. 부모의 부족한 성품, 신앙 등 부모 자신으로부터 오는 여러 가지 부족함과 죄성들이 합쳐져서 자녀와의 갈등으로 나타날 때가 가장 힘들고 어려울 때가 아닌가 생각합니다.

대학진학율 세계 1위인 대한민국이라는 환경에서 살고 있다는 사실도 홈스쿨을 하면서 경직되게 만들고 진학, 진로에 대해 걱정하게 만드는 또 하나의 어려움이 아닌가 생각합니다.

자녀양육을 하면서 겪게 되는 여러 가지 위기들이 있을 것입니다만 특히 홈스쿨 부모들이 범하기 쉬운 맹점들을 다루어 줌으로써 자신을 돌아보게 하거나 또는 미리 그러한 실수를 하지 않도록 예비할 수 있도록 도움을 줄 수 있을 것입니다. 또한 겸손한 마음으로 한 번 읽고 말 것이 아닌 자주 되새겨야 보아야 할 내용입니다. 사실 이 책은 꼭 홈스쿨 부모가 아니더라도 모든 크리스천 부모에게 일독을 권할 만한 내용을 담고 있습니다.

　이 책을 읽는 부모들의 마음에 성령의 일하심이 있기를 그래서 실제적인 변화들이 각 가정에서 일어나기를 소원합니다. 복음의 은혜를 진정으로 이해하고 우리 가정에서 그 은혜에 따라 살아가는 일들이 각 가정에서 일어나기를 소원합니다.

박진하

CONTENTS

지난 몇 년 동안 고민에 빠진 수많은 홈스쿨 부모의 이야기가 전국에서 들려왔다. 이제 큰 아이들이 고등학교 과정까지 마쳤는데 결과는 부모들이 기대했던 것과 같지 않았다는 것이다. 이 아이들은 대부분 어릴 때는 모범적이었으나 만 18세가 되고 나서부터는 부모들의 가치관을 곧이곧대로 따르지 않고 자기 임의로 다른 길을 걷기 시작했다.

성인이 되자마자 부모에게 반항하면서 집을 떠나기도 했고, 부모의 뜻을 거슬러 결혼하기도 했으며 마약, 술, 부도덕한 행위에 빠진 자녀도 있었다. 한때 모범적인 학생이었으나 이제 더는 하나님을 믿지 않는 친구들도 있었다. 이제 성인이 된 우리 집 아이들과도 전혀 생각지도 못한 갈등을 겪어야 했다.

이 부모들 대부분은 그들의 자녀양육법이 어떤 반

항도 충분히 예방할 수 있다고 굳게 믿었기 때문에 자녀들의 이런 선택은 더 충격적이었다. 이들 중 어떤 부모들은 자기 아이들이 십 대 때 순종밖에 몰랐기 때문에 더욱 자신만만했다. 두말할 필요 없이 이 홈스쿨 부모들의 꿈은 산산이 조각났고 다른 부모들은 자기 자녀들이 이런 전철을 밟지 않도록 막아줄 방법을 우리로부터 알고 싶어 했다.

지금은 이미 출가했지만 우리 집 큰아이들 셋이 어렸을 때는 나 역시 나의 자녀양육법을 지나치게 믿고 있었다. 어떤 일이 있어도 우리 아이들은 경건한 사람으로 커서 죄의 문제로는 심각한 갈등을 겪지 않으리라고 확신했다. 나는 우리 아이들에게 '마땅히 행할 길'을 가르치고 『성경적 자녀양육 지침서』에서 내가 언급한 대부분을 그대로 하고 있었기 때문에, 내가 성공한 부모가 될 것이라 절대 확신했다. 그러나 자녀양육의 중심은 나 자신과 나의 성공이 아니라는 사실을 뼈저리게 경험해야 했다. 실제로 나는 자녀양육이 전적

으로 자신의 성공에 관한 문제라고 생각하는 부모야
말로 자녀들이 갈등하게 되는 요인이 된다는 점을 배
워야 했다.

교훈 - 적절한 자녀양육이란 부모에 관한 문제가
아니라 전적으로 자녀들에 관한 문제이다. 제1장
'자기중심적인 부모의 꿈'에서 이와 같은 사실을
더욱 상세히 다루겠다.

나는 우리 큰아이들 셋이 각각 성인이 되면서부터
내가 그렇게 심어주려고 애썼던 가치관을 그대로 따
르지 않는 것을 발견하고 충격을 받았다. 그 아이들은
여전히 내가 가르쳐준 가치관을 많이 고수하고 있었
지만, 전부는 아니었다. 내가 가르친 가치관을 답습하
는 대신 각각 자신의 고유한 가치관과 견해를 지닌 개
별적인 인격체라는 사실을 밝히 드러냈다. 나는 우리
아이들이 마치 찰흙과 같아서 그릇을 만들듯 우리 아

이들을 마음대로 빚을 수 있다고 잘못 생각하고 있었다. 우리 아이들이 각자 저마다 독특한 개성을 가진 존재이며 고유한 육체적 존재라고 바라볼 수 있을 만큼 제대로 준비되어 있지 못했다. 내가 그 나이 때 그랬던 것처럼 우리 아이들이 각각 주님으로부터 얼굴을 돌리고 자신의 육신적인 모습과 치열하게 싸우는 과정을 일일이 지켜보면서 내가 우리 홈스쿨에 관해 꾸었던 멋진 꿈은 산산이 조각났다.

우리 가정과 수많은 성실한 부모들의 가정에 무엇이 잘못되었는지를 몇 년 동안 자세히 살펴보고 나자 하나님께서 내 눈을 열어 주셔서 홈스쿨 부모와 가정 중심적 부모에게 흔히 나타나는 치명적 맹점들을 볼 수 있게 되었다. 우리 부부는 과거에 우리가 자녀양육에 관해 가르친 내용들을 지금도 지지하고 있지만, 긴급히 다음 일곱 가지 통찰을 덧붙이고자 한다.

홈스쿨 부모가 빠지기 쉬운 일곱가지 맹점

01

부모가 자신에 대해 신경을 쓰게 되면
결국 자녀를 제대로 사랑할 수 없는
지경에 이르게 된다.

01

자기중심적인
부모의 꿈

나는 성실한 부모들이 쉽게 '꿈'에 집착하는 것을 지켜보았다. 자녀에 대한 부모의 꿈이 쉽게 깨질 수밖에 없는 이유는 부모가 자신의 꿈에 자녀를 끼워 넣었기 때문이다. 생각해 보면 우리의 꿈은 우리 아이들만을 위한 것이 아니라 우리 자신을 위한 것이기도 하다. 홈스쿨 부모로서 우리는 많은 것을 희생하고 아이들의 인생에 영향을 미치기 위해 많은 것을 투자한다. 문제는 우리가 부모로서의 성공에 집착하다가 아이들에 대한 사랑을 잃어버릴 수 있다는 점이다. 부모가 자신에 대해 신경을 쓰게 되면 결국 자녀를 제대로 사랑할 수 없는 지경에 이르게 된다.

우리 큰아들이 18살 때 무례한 말버릇을 고치지 않아서 나는 어쩔 수 없이 큰아이에게 한동안 집을 나가 달라고 하지 않을 수 없었다. (이스라엘에서는 범법자를 다루는 가장 혹독한 징벌이 사형이었다. 그다음으로 가혹한 징계가 공동체 바깥으로 내쫓는 것이었다.) 두말할 필요도 없이 아내와 나는 아이에게 부과한 징벌로 인해 망연자실했다. 아이가 집을 떠난 첫 달 내내 우리는 날마다 아이 때문에 슬피 울었다. 우리가 그렇게 막아주려고 애썼던 쓰레기 같은 환경에 우리 아이가 무방비로 방치된 것이 너무나 슬펐다. 그러나 그것보다 지금까지 내가 그 아이와 우리 가족들에게 꿈꾸었던 것이 이루어질 수 없게 된 현실에 더욱 가슴이 찢어졌다. 그때 우리 아이에게 퍼부었던 말이 기억난다.

"야, 이 녀석아, 네가 내 꿈을 다 망쳐놓았구나."

나는 우리 가정에 대한 꿈이 있었다. 그 꿈은 아이들이 성인이 되어서도 집을 떠나지 않고 부모 권위 아래서 겸손하게 생활하는 것이었다. 내 정교한 지휘 아래 청혼 과정을 밟은 후에 집을 떠나 결혼하는 것이었다. 그러나 이제 아들은 떠났고 내 완벽한 꿈을 망쳐놓았다. 부모가 자녀에 대해 좋은 꿈을 꾸는 것은 전혀 잘못이 아니다. 그러나 사실 아들에 대한 내 꿈은 주로 내가 중심이었다.

지나고 나서 보니 더 슬픈 사실은 내가 아들과의 관계가 깨진 것을 걱정하기보다 내가 꿈꾸던 '성공'이 실패한 것을 더 걱정했다는 점이었다. 넉 달 뒤에 아들이 집으로 돌아오고 관계도 나름대로 회복되기는 했지만 정작 관계를 망친 주범이 바로 나 자신이라는 것을 깨닫는 데까지는 여러 해가 걸렸다. (이 부분은 나중에 더 자세히 다루겠다.)

부모가 홈스쿨 하는 이유 중 하나는 자녀의 삶에서 뭔가 좋은 것을 성취하고 싶기 때문이다. 홈스쿨링에 성공하기 위해서는 학업, 품행, 영적인 목표들이 명확히 세워져야 한다. 이것은 자녀들에게 큰 희망과 꿈을 가진 부모들에게는 매우 자연스러운 일이다. 그러나 자녀를 우리의 거울이나 증명서로 보게 될 때 우리가 그 꿈의 중심이 되고, 자녀는 우리를 빛내는 수단으로 전락하고 만다. 이것은 우리가 자녀와 관계를 맺는 데 영향을 미치고, 우리도 모르게 관계를 무너뜨린다.

홈스쿨 부모가 빠지기 쉬운 일곱가지 맹점

02

하나님보다
가정에 더 많은 소망과 신뢰를 둘 때,
우리는 가정을 우상으로
만들고 있다는 사실을 깨닫게 된다.

02
우상으로 변한
가정

우리가 어떤 결과를 꿈꾸는 것은 자연스럽기도 하지만, 오로지 최종 결과에만 사로잡힌다면 가족은 성공을 위한 수단으로 전락할 수 있다. 자녀양육에서 성공했다고 느끼는 사람들에게 가족이란 하나님이나 다른 사람들에게 칭찬받기 위한 영광스러운 휘장이나 승리에 따른 전리품에 지나지 않는다. 성공적인 가정생활이 자신의 안정감이나 행복감을 좌우하도록 내버려 두는 것은 하나님께서 오직 그분 자신께만 받도록 의도하신 것을 다른 데서 찾아 헤매고 있는 것과 같다. 나는 지금 우상숭배를 이야기하고 있다. 홈스쿨 가정에서 주의를 기울이지 않는다면 가정은 쉽사리 우상으로 돌변할 수 있다.

이스라엘 역사를 보면 때때로 이스라엘 사람들은 우상을 숭배했다. 살아계신 하나님에 대한 예배를 항상 저버린 게 아니라 단지 하나님과 더불어 다른 신도 함께 섬겼다는 게 문제다. 때로는 아주 좋은 것으로도 그냥 우상을 만들었다. 예수님께서 바리새인들을 꾸짖으신 이유는 그들에게 '거룩하라'고 말씀하셨던 바로 그 하나님보다 '거룩함'이라는 문제를 더 높였기 때문이다(마 12:1~8, 23:24).

우상이란 우리가 안정감과 성취감을 찾는, 하나님 이외의 다른 어떤 것을 말한다. 물론 그게 성경적이고 좋은 것일 수도 있지만, 우리의 행복을 좌지우지할 만큼 힘을 갖게 된다면, 우리는 하나님께서 원래 의도하신 것보다 더 그것을 높이게 된다. 가정에 헌신하는 사람들로서 그래서 상당한 시간과 에너지, 마음을 거기에 투자하는 사람들로서 가정을 원래 목적보다 더 높이는 것은 매우 쉽고 흔한 일이다.

하나님보다 가정에 더 많은 소망과 신뢰를 둘 때, 우리는 가정을 우상으로 만들고 있다는 사실을 깨닫게 된다. 그러니까 우리 자신의 정체성과 중요한 의미를 찾기 위해 하나님보다는 오히려 가정을 더 많이 바라보게 된다. 또한 가정이 우리 기분을 근사하게 끌어올리거나 의기소침하게 끌어내릴 만큼 커다란 힘을 갖게 될 때, 우리는 자신의 중요성을 발견하기 위해 가정을 바라보게 된다는 사실을 깨닫는다.

우리가 공적인 상황에서 자녀들을 지나치게 자랑하거나, 그와는 반대로 우리를 당황하게 만든다고 격분할 때 그것은 더욱 분명해진다. 우리 자녀들이 '견고한 가정'이라는 좋은 이미지를 구축하도록 도와주느냐의 여부에 따라 우리에게 자부심의 원천이나 혹은 실망의 원천으로 자리 잡게 된다는 것이다.

우상숭배의 중대한 문제는 우상은 우리에게 희생을 요구하고 우리는 결국 가정이란 우상을 섬기기 위해 자녀와 우리의 관계를 희생시키게 된다는 데 있다. 가정의 이미지를 더 높이 끌어올려 우리 자신의 평판을 좋게 하려고 아이들의 마음을 잃게 되는 것이다.

성공했다는 평판에 목말라하는 태도는 우리에게 굉장한 압박감을 주고, 결국 우리 자녀들에게도 커다란 압박감으로 다가온다. 그래서 우리는 아이들에게 어쩔 수 없이 성공하도록 강요해야 한다고 느낀다. 만약 아이들이 그럴듯하게 행동하면 성공했다고 여기지만, 아이들이 갈등하거나 제대로 해내지 못하면 아이들에 대해 죄책감, 당혹감, 쓴 마음을 가지고 살아갈 수도 있다. 수많은 홈스쿨 부모들이 십 대 자녀나 성년기에 이른 자녀가 내리는 결정을 보면서, 결국 부모로서 실패했다는 자책감이나 분노라는 먹구름 아래서 살아가게 된다.

그리스도인의 삶에서 가장 멋진 성공이란, 다른 사

람들에게 끼친 영향력으로 평가되는 게 아니라 얼마나 하나님께 순종했는가로 엄중하게 평가된다는 사실을 이해하는 게 매우 중요하다. 다시 말해, 하나님께서는 우리가 어떤 사람에게 말로 그리스도를 전해서 믿게 했다고 우리 공로를 인정하시는 게 아니라 우리가 얼마나 그분에게 순종했는가로 우리 공로를 인정하신다. 우리가 순종하여 진리를 선포하기만 하면, 나머지는 하나님께서 책임지시고 열매를 맺게 하신다(고전 3:6).

그러므로 부모는 마땅히 해야 하는 옳은 일을 행하면서, 자녀들이 그리스도와 그분의 길에 정통하도록 해야 한다. 부모는 아이들을 성숙으로 이끌고 그리스도께로 인도하려는 분명한 의도로 훈련하고 징계하고 교육한다. 그러나 하나님의 관점에서 보는 부모의 성공은 자녀들이 궁극적으로 어떻게 부모의 영향력에 반응하는지가 아니라 부모 자신의 순종으로 평가된다.

1987년 내가 처음으로 소망교회Hope Chapel를 개척한 직후에 리처드와 사비나 웜브랜드Richard and Sabina Wurmbrand

목사 부부가 우리를 찾아왔다. (두 사람은 공산당 수용소에서 여러 해 동안 극심한 고문을 당한 적이 있었으며, 지금까지 내가 알고 있는 사람 중에서 가장 경건한 신자들이다.) 두 사람이 우리 교회를 방문했을 당시 사비나는 나에게 교회 개척이 어떻게 진행되고 있는지 물었다. 나는 새크라멘토에서 교회를 개척하라는 하나님의 명령에 순종했다고 믿었기 때문에 교회는 점차 성공을 거둘 것이라고 대답했다. 그러자 이 말에 사비나는 나를 호되게 꾸짖었다. 사비나는 내 눈을 똑바로 바라보면서 강하게 선포하기를 "순종 그 자체야말로 가장 고귀한 성공이에요!"

그렇게 삶을 변화시킨 책망은 사역을 바라보던 나의 관점을 완전히 뒤바꾸어놓았고, 이제 자녀양육의 영역에서도 나에게 강하게 영향을 끼치고 있다. 주님께 순종하는 것, 그러니까 씨를 뿌리고 물을 주는 것은 우리 책임이지만 그 씨앗을 자라게 하시는 것은 주님의 일이다(고전 3:6).

한때 나는 부모가 올바른 성경적 단계들을 그대로 따라갈 수 있으며, 어린 시절부터 성인기에 이르기까지 하나님께 신실하게 남아있는 자녀들로 확실히 키워낼 수 있다고 믿으면서 다른 사람들에게도 그렇게 가르치고 다녔다. 그래서 나는 어린 자녀를 둔 부모로서, 성년에 이른 자녀들을 탕자로 만든 부모들에 대해 자녀 양육에 실패했다고 단정하기도 했다. 그러나 우리 아이들이 점차 나이를 먹으면서 그 아이들도 자기 나름대로 그리스도와 동행하는 법을 스스로 결정할 수 있는 개별적인 인격체라는 사실을 발견하고는 나 역시 우리 아이들의 내면이 아니라 외면을 통제하는 데 더 많은 에너지를 쏟아부었다는 깜짝 놀랄 만한 깨달음이 찾아왔다.

우리 아이들도 역시 여느 사람들이나 다름없이 그리스도께 귀를 기울이면서 그분을 따를지를 스스로 선택하는 길목에 있었다. 그리스도인으로서 우리는 각각 저마다 삶을 살아가면서 그리스도를 따를지 말지를 결정해야 하는 선택의 순간을 수없이 맞닥뜨린다. 그러나 아무리 훌륭한 자녀양육 방식을 택했더라도 막상 시험에 직면할 때는 그 방식이 그릇된 선택을 확실히 막아주지 못하는 것을 목격하면서 나는 전혀 예상치 못한 깨달음을 얻게 되었다. 우리가 부모로서 자녀들에게 그리스도를 더 많이 사랑하고 따르도록 영향을 끼칠 수는 있겠지만, 성경에서는 아무리 잘 훈련된 자녀라도 절대로 시험에 굴복당하지 않을 것이라고 확실히 보장해주지는 않는다는 것이다.

탕자의 비유를 심사숙고해 보라. 의로운 아버지가 두 아들을 키웠는데, 둘 다 죄를 짓게 되었다. 하나는 아버지 곁을 떠나 죄악의 구렁텅이 속으로 깊숙이 빠져들었다가 나중에 회개하였다. 다른 하나는 겉으로 순종적인 모습을 보이면서 아버지와 함께 그냥 집에 머물러 있었으나 자기 의와 쓴 마음으로 가득 차 자기 내면을 온통 더럽히게 되었다. 그 아버지는 아들들의 그릇된 선택을 나무라겠는가, 아니면 그냥 당연한 것으로 받아들이겠는가? 둘 다 아니다. 결코 그럴 수 없다. 왜냐하면 이 비유는 하나님 아버지 자신에 관한 이야기이기 때문이다. 이 비유는 하나님의 자녀들이 넘어졌을 때, 그 자녀들에게 베푸시는 하나님의 자비에 관한 교훈을 담고 있다.

하나님,

우리가 당신의 본보기로부터 배우게 하소서!

홈스쿨 부모가 빠지기 쉬운 일곱가지 맹점

03

우리 자녀들의 외적인 변화를 위하여

얼마든지 어떤 본보기를 따를 수 있고,

아이들의 행동과 외모를 쉽사리

그런 틀에 집어넣으려고 시도할 수는 있지만,

그러다가 오히려 아이들의 마음을

다치게 하거나 놓치기 십상이다.

03
겉모양만
지나치게 강조하기

　오로지 결과에만 몰두하다 보면 흔히 겉으로 드러나는 모양새를 지나치게 강조하게 된다. 어떤 성과를 얻는 데만 집중하게 될 때, 다른 사람들이 자녀들의 외적인 결과를 칭찬하는 건 자연스러운 일이다. 우리는 흔히 목회자 자녀가 예배당 맨 앞자리에 공손하게 앉아서 아버지의 설교를 경청하면서 꼼꼼히 기록하는 모습을 보고는 집으로 돌아가서 우리 아이들에게도 공손하게 앉아서 설교를 잘 듣고 꼼꼼히 기록하라고 가르치기 시작한다.

여기서 우리가 간과하고 있는 것은 그 목회자가 잔과 대접의 겉을 깨끗이 하라고 해서, 그리고 단지 겉으로 그렇게 행동하도록 아이들을 훈련했다고 해서 자녀들이 그처럼 공손하고 경청하는 태도를 보이는 게 아니라는 것이다. 그 목회자가 자녀들에게 그리스도에 대한 참된 사랑을 늘 보여주면서 살아왔기 때문에, 그게 아이들에게 그대로 전염되었고 그와 같은 열매가 자연스럽게 열리는 모습을 목격하게 된 것이다(마 23:26).

그러나 부모가 경쟁적으로 다른 아이들에게서 나타나는 열매를 칭찬하면서 오로지 자기 자녀들의 열매를 겉으로 드러내려고 애쓰기만 한다면, 결국 실망할 수밖에 없을 것이다. 열매는 외부에서 억지로 달아놓는 게 아니라 내면에서 자연스럽게 열리는 것이다.

당신이 먹고 싶은 열매가 각양 먹음직한 과일이라서 정원에다 사과나무를 한 그루 심었다고 상상해보라. 사과나무에서 이제 막 자라나기 시작한 열매가 점차 익기를 기다리고 있던 어느 날, 이웃의 사과나무를 힐끗 쳐다보게 되었다. 나뭇가지에 크고 먹음직한 사과가 잔뜩 달린 모습에 감탄하면서 줄곧 이웃집 사과나무를 주목하게 되었다. 그렇다고 당신이 당장 어떻게 할 수 있겠는가? 곧장 과일가게로 달려가 사과를 몇 개 산 다음 집으로 돌아와서 한밤중에 사과를 자기 나무에 매달아 놓겠는가? 정말로 그런 짓을 저질렀다면, 그 나무를 보고서 아마 이웃들은 어처구니없어했을 것이다. 이건 그런 식으로 대처할 문제가 아니다. 오히려 당신은 그 이웃을 찾아가서 그토록 실한 열매가 달리도록 어떻게 나무를 돌보았고 어떤 비료를 주었는지 물어봐야 했을 것이다.

우리 자녀들에게도 마찬가지다. 우리가 아이들에게 제공하는 자양분이 자연스럽게 달콤한 열매를 맺게 하는 것이지, 아이들에게 억지로 열매를 매달아 놓을 수는 없는 노릇이다. 실제로 우리가 자녀들에게 억지로 매달아 놓은 열매는 쉽게 썩어서 곧바로 떨어지고 말 것이다.

나는 홈스쿨 공동체에서 겉으로 드러나는 모양새를 엄청나게 강조할 수 있다는 점을 주목해 왔다. 그게 돋보이는 복장이든, 정숙함이든, 단정한 차림새든, 공손한 태도든, 듣는 음악 유형에 관한 것이든, 예배에서 침착하고 공손한 자세를 유지하는 것이든, 어느 영역에서든지 충분히 그럴 가능성이 있다는 것이다. 심지어 어떤 부모는 아이들에게 옷차림이나 식료품 구입, 요리에서조차도 시골스러운 방식을 따라가게 한다.

이런 시도가 전혀 잘못된 것은 아니지만, 그런데도 굉장히 주의를 기울여야 한다. 우리 자녀들의 외적인 변화를 위해 얼마든지 어떤 본보기를 따를 수 있고, 아이들의 행동과 외모를 쉽사리 그런 틀에 집어넣으려고 시도할 수는 있지만, 그러다가 오히려 아이들의 마음을 다치게 하거나 놓치기 쉽다. 어떤 부류에는 겉모양을 강조하는 것이 마치 전염병처럼 급속히 퍼져나가게 된다.

(홈스쿨 엄마였던 내 친구 하나가 얼마 전에 암으로 세상을 떠났다. 세상을 떠나기 바로 전주에, 나는 친구에게 지금까지 살아오면서 어떤 후회할 만한 일이 있었는지 물어보았다. 친구는 나에게 빵 굽는 일을 좀 더 적게 했으면 좋았을 것이라고 말했다. 홈스쿨을 다시 하게 된다면, 그냥 빵을 사서 먹더라도 아이들과 좀 더 많은 시간을 보내고 싶다고 말했다. 직접 빵을 굽는 것이 영적인 홈스쿨을 진행하는 데 꼭 필요한 일이라고 생각했기 때문에, 친구는 그렇게 고집스럽게 시골스러운 삶의 양식을 추구하느라 너무 많은 시간과 에너지를 투자했던 것이다.)

그리스도께서는 스스로 합법적인 영성 표현이라고 생각한 것들에 집착한 바리새인들을 반대하셨다는 사실을 잊지 말자. 바리새인들은 자기들이 피해야 할 것과 다른 사람들에게 보이는 것을 기준 삼아 거룩함을 판단했다(마 6:1~2, 5, 16; 23:5~6, 23~28; 요 7:24). 바리새인들은 자기 종교에 열심이었지만, 참다운 열매를 맺는 겸손과 사랑의 마음(미 6:8)보다는 오히려 겉으로 드러나는 거룩한 모양새에만 집착했다.

비록 예수님을 따르는 자 중에는 창녀와 세리 같은 죄인의 부류가 많았지만, 예수님께서 그 사람들의 단정치 못한 행동거지를 책망하는 말씀이 복음서에서 단 한 번도 언급된 적이 없다는 사실은 매우 흥미롭다. 바리새인들은 겉을 깨끗하게 만드는 것에 집착하는 반면, 예수님께서는 속을 깨끗하게 청소해야 한다고 강조하셨다.

우리도 역시 자신에게 이렇게 자문해 보아야 한다. 예수님을 따를 것이냐, 바리새인들을 따를 것이냐? 심지어 지금 이 순간에도 우리는 안팎을 모두 깨끗하게 해야 한다고 강변하면서 우리 자신을 정당화하고 있지는 않은가?

어떤 사람들은 이와 같은 주장에 강하게 반발할 것

임을 잘 알고 있고, 나 역시 아내와 딸들이 단정하게 용모를 단장하기를 바란다는 사실을 분명히 강조하고 싶다. 하나님께서는 이 부분에 관해 신약에서 딱 한 번 언급하신 적이 있지만(딤전 2:9), 우리는 스스로 이렇게 자문해 보아야 한다. 단정한 옷차림이나 외적인 모양새를 다루는 다른 쟁점들에 관해 우리가 과연 예수님께서 말씀하신 것보다 더 강하게 주장할 수 있는가?

사도 바울은 여러 서신서 중에서 딱 한 번만 단정한 차림새에 관해 언급했을 뿐이며 예수님은 지상 사역 기간에 이에 대해 전혀 언급하지 않으시고 그 대신 외적인 열매를 맺기 위해서는 마음의 변화가 중요하다고 강조하셨다. 그렇다면 우리도 역시 예수님의 가르침을 따르면서 자녀들의 마음에 다가가는 데 집중해야 하지 않을까?

디모데전서에서 단정한 용모를 언급했기 때문에, 우리도 역시 자녀들에게 개인적으로 마땅히 지켜야 하는 가치들을 가르쳐야 하겠지만 겉으로 드러나는 아이들

의 용모가 도덕적으로 보인다고 해서 저절로 내면에서
도 하나님의 가치로 무장하고 있다고 생각하지 않기를
바란다. 그와 동시에 우리 생각에 단정하고 영적이고
거룩해 보이는 것을 기준으로 다른 사람의 수준을 판
단하지 않도록 조심해야 한다.

홈스쿨 부모가 빠지기 쉬운 일곱가지 맹점

04

우리가 바리새인의 길을 걸어왔는지의 여부를
알아보는 손쉬운 방법 가운데 하나는,
우리 아이들이 어떤 결과에 도달했다고 믿을 때,
주변 사람들에게 그 성과들을 뽐내면서
으스댄다는 것이다.

04
쉽게 다른 사람들을
판단하는 마음

잔의 겉을 깨끗하게 닦는 데에만 초점을 맞출 때 나타나는 부작용 중 하나는 지극히 개인적인 기준으로 다른 사람들을 쉽게 판단한다는 것이다. 잘 알다시피 각자의 가정에 대한 기준을 세우기 위해 우리 각자는 무엇이 안전하고, 지혜롭고, 허용해도 무방한지를 결정하기 위한 평가와 분석과정을 거치게 된다. 일단 자기가정에 알맞은 개인적인 기준들을 확실히 정하고 나면, 흔히 그다음으로 우리에게 나타나는 현상은 그게 다른 사람들에게도 똑같이 적용되어야 한다고 믿게 된다는 것이다.

바리새인들이 보여주는 특징 가운데 하나는 겉모양과 관련하여 거룩함에 관한 기준을 자기 나름대로 세운 다음, 그 기준을 지키지 않는 다른 사람들을 경멸하는 것이었다. 예수님께서는 바리새인들의 피상적인 태도와 자기 의로 가득한 판단을 고발하는데 공생애 동안 상당한 시간을 할애하셨는데, 홈스쿨 가정 중에서도 많은 사람이 바리새인들의 행태를 무심코 따라가고 있다. 우리 역시 지나치게 겉모습에 치중하여 기준에 못 미쳐 보이는 사람들을 쉽사리 깔보는 태도를 보여왔다.

우리가 바리새인의 길을 걸어왔는지를 알아보는 손쉬운 방법 가운데 하나는 우리 아이들이 어떤 결과에 도달했다고 믿을 때 주변 사람들에게 그 성과들을 뽐내면서 으스댄다는 것이다. 그렇게 자랑하는 과정에서 자신이 가장 성공을 거두고 있다고 느끼는 영역에서 자연스럽게 다른 사람들을 판단하게 된다(눅 18:9). 만약 우리가 모임에서 아이에게 찍소리도 못하게 하는 부모라면, 어떤 엄마가 아이가 소란을 피우는데도 가만히 두는 것을 볼 때, 상당히 큰 모멸감을 느낄 것이다. 만약 우리는 텔레비전을 절대로 보지 않는데, 어떤 목사가 위성 안테나를 연결해 텔레비전을 보는 것을 알게 될 경우, 우리는 그 목사의 '무지몽매함'을 굉장히 유감스럽게 생각할 것이다. 만약 어떤 아이가 우리 이름을 함부로 부른다면, 그 아이의 버릇없음으로 인해 그 부모를 쉽게 판단하게 된다.

만약 검소한 옷차림, 정숙한 태도, 단정한 용모처럼 겉모양과 관련된 문제에서 우리 가족이 더 우월하다고 생각한다면, 우리 기준대로 살지 못하는 사람들을 향해 우쭐대기 쉽다. 만약 우리가 자녀들의 공적인 예의범절과 품행을 자랑스러워한다면, 그 기준에 도달하지 못하는 사람들을 얕잡아볼 것이다. 만약 우리가 선호하는 음악 유형 이외의 다른 모든 것을 쉽게 정죄한다면, 음악에서 다른 기준을 가지고 있는 사람들은 모두 피할지도 모른다.

이러한 영역들에 관한 기준은 주관적으로 끌어낸 것이며 주로 개인적인 견해에 기초하고 있을 뿐인데, 만약 자신의 견해만이 하나님의 뜻에 맞는다고 주장한다면, 그런 기준을 가지고 있지 않은 사람들은 전적으로 오류에 빠졌거나 잘못된 길을 가고 있다고 여길 수밖에 없게 된다. 우리는 스스로 이런 판단을 '거만하다'고 표현하지 않을 수도 있기 때문에, 이와 같은 교만의 영역을 놓치기 쉽다.

"아이고 맙소사. 김 선생이 큰아이를 내년에 학교로 보낸다는 소리를 들었을 때, 제 귀를 의심해야 할 만큼 도저히 믿을 수가 없었어요! 그건 어른들 편의를 위해서 아이를 희생시키는 거나 다름없지 뭐예요. 저에게는 김선생님이 지금까지 보여주던 소신을 타협하거나 포기하는 것처럼 보여요. 아무래도 새로운 교회를 다니기 시작하면서 그런 일이 벌어진 거 같아요!"라고 직접적으로 정죄하는 말을 퍼붓지는 않을 수도 있다. 대신 "김선생님의 결정 소식을 들으니 참 슬프네요. 너무 멀리까지 가셨어요! 너무 슬픈 일이에요. 그분들이 다시 빛을 찾아서 옳은 길로 나아올 수 있도록 기도해야겠어요! 마귀가 하나님의 백성을 그렇게 속이는 게 정말 싫어요!"라고 동정 어린 투로 에둘러 표현하면서 자신의 판단을 교묘히 포장할지도 모른다. 동정 어린 투로 포장된 오만은 굉장한 기만일 수 있다.

(교만은 너무나 기만적이어서 우리는 자신의 판단이 심지어 판단인 줄도 모르고 그렇게 행동한다. 실제로는 확신에 찬 깨달음으로 높은 자리에 앉아 다른 사람들을 내려다보고 있으면서도, 우리는 단지 그 사람들을 관찰할 뿐이며 그저 동정심을 느끼고 있을 뿐이라고 스스로 생각할 것이다. 우리 마음에서 다른 사람들을 얕보고 깔보도록 가만 내

버려 두는 것은 우리 자신을 지나치게 높이 평가하는 것이다. 만약 당신이 그 모든 사실을 알고 있더라도 스스로 조심하고 경계하도록 하라. 우리에게는 아주 분명히 보이는 것을 다른 사람들이 보지 못한다고 해서 놀라움을 금치 못하는 태도는 아마도 우리의 교만 때문일 가능성이 매우 크다.)

전형적으로 우리 기준에 미치지 못하는 다른 사람들을 무시할 때 우리는 다른 사람들도 역시 우리를 판단하고 있을 거라고 상상한다. 결과적으로 우리는 자주 방어적으로 변해 있는 자기의 모습을 발견하게 된다.

눈에 띄는 어떤 부족함 때문에 다른 사람들이 우리를 초라하게 여기리라 추측하기 때문에 우리는 자기 자신이나 자녀들에 관해 지나칠 정도로 불필요한 설명과 해명을 늘어놓으려고 애쓴다. 예를 들어, 미국 시카고에 있는 110층 윌리스 타워Willis Tower에 갔다가 텔레비전에서 재미있는 장면을 보았다고 치자. 그래서 다른 사람들에게 우리가 본 것을 이야기할 때 '집에서 텔레비전을 본 게 아니라 윌리스 타워에서 보았다'는 사실을 애써 강조한다. 판단하는 마음이 우리 안에 자리 잡고 있으면 쉽사리 다른 사람들 안에도 그런 마음이 자리 잡고 있을 거로 생각한다. (그러니까 그와 같은 생각으로 판단하는 사람들 사이에 머물러 있을 때, 그것은 단지 상상에 머물러 있지 않고 실제 상황으로 변하게 된다.)

남의 판단을 두려워하면서 살아가다 보면, 우리는 방어적인 태도를 갖게 될 뿐만 아니라 우리 아이들이 '주목받을지도' 모르는 공개적인 상황에 놓일 때마다 아이들에게 무리한 압박을 가하게 될 것이다.

만약 그 상황이 교회 안에서 벌어지게 된다면, 부모의 체면과 평판을 유지하기 위해서 아이들은 항상 아주 반듯하게 행동하도록 요구받을 것이다. 만약 다른 모든 사람이 찬양을 부르고 있는데, 우리 아이들은 그냥 가만히 자리에 앉아있기만 하다면, 우리는 아이들을 강하게 째려보면서 "찬양해! 지금은 찬양하는 시간

이야!"라고 속삭인다. 만약 우리 아이들이 지나치게 움직인다면, 이번에는 인상을 찡그린 채로 다리를 꼬집으면서 "가만히 좀 앉아있어!"라고 주의를 줄 것이다. 만약 다른 아이들은 목사의 설교를 열심히 경청하고 있는데도 우리 아이들이 주보에다 그림을 그리고 있거나 딴청을 피우고 있다면, 우리는 조용히 "그거 저리 치우고, 어서 목사님 말씀 잘 들어봐."라고 훈계할 것이다.

분명히 우리 아이들이 하나님을 존중하고, 우리 몸을 잘 다스리고, 성경이 가르치는 설교에 귀를 기울이기를 원하는 데에는 아무런 잘못이 없다. 그러나 다른 사람들의 판단을 두려워하거나 부모의 평판이나 체면이 깎이는 것이 두려워서 그렇게 한다면 그건 잘못된 동기에서 출발하는 것이다. 게다가 다른 사람들 앞에서 겉으로 보여주는 행동을 통해 우리 아이들이 상당히 인상적인 모습으로 사람들에게 다가가는 데 성공하고 있는 경우라면, 우리는 그렇게 행동하지 못하는 자녀들과 부모들을 쉽게 깔보게 될 것이다.

교만이 우리 안에서 톡톡히 제 역할을 감당하고 있을 때, 우리는 자신의 개인적인 의견이 곧 하나님의 최고 우선순위와 기준을 가장 잘 반영하고 있다고 진심으로 믿게 된다. 우리는 스스로 그러한 기준들을 지키고 있다는 이유로 자기 자신을 정당화시키고, 그와 동일한 기준으로 다른 사람들 역시 우리 눈으로 정당화시키거나 무력화시키려고 애쓴다.

예를 들어, 우리가 자신을 지나치게 정당화시킬 경우, 단지 홈스쿨을 선택했다는 이유만으로 홈스쿨을 하지 않는 부모는 기꺼이 자신을 희생할 만큼 자녀들을 충분히 사랑하지 않는다고 판단할 수도 있다. 또한 그렇게 우리 자신을 지나치게 정당화시킬 경우, 우리만이 단정한 옷차림의 진정한 정의를 제대로 이해하고 있다고 생각하고는 우리 기준에 따라서 옷을 입지 않는 사람은 누구나 육신적이고 무지몽매하며, 옳은 길을 걷지 않고 있다고 치부하게 된다. 자신을 정당화하는 사람은 자기의 눈이나 오로지 자신과 교제하는 가까운 사람들의 눈에나 그렇게 보일 뿐임을 깨달아야 한다.

우리 스스로 나 자신은 '깨어 있다'라는 관점을 유지하고 있으면 그로 말미암아 다른 사람들의 영성을 판단하는 여과 장치를 자기 안에 갖게 되고, 결국 다른 사람들과 교제할 수 있는 자유로운 선택권을 자꾸 제한하게 된다.

우리 자신의 가치와 견해를 얼마나 잘 받아주느냐에 따라 소위 '같은 생각을 품은' 사람들에 대한 정의를 점차 좁히게 되는 것이다. 예를 들어, 예배에서 드럼을 치는 것은 세속적이라고 여겨 교회 안에는 드럼 같은 악기가 있어서는 안 된다고 생각하는데 어느 교회에 갔더니 예배 중에 드럼을 치고 있다면, 그 사람은 드럼 치는 것을 중단하고 오르간으로만 반주하지 않는 이상 도저히 다른 사람들과 교제를 나눌 수 없다고 결정할 수도 있다. 그에게 있어서 드럼이란 교회에 대한 신뢰를 완전히 무너뜨리는 도구이기 때문이다.

또는 어떤 성경 교사가 그다지 선호하지 않는 성경 번역을 사용한다거나 우리가 느끼기에 충분히 맑은 정신으로 기도하고 있지 않다는 이유로 그 사람이 우리 눈에 완전히 거슬릴 수도 있다. 또한 단지 그 사람이 홈스쿨을 하고 있고, 우리 기준에 따라 옷을 차려입고 있으며, 자녀들에게 즉시 순종하도록 요구하고 있다는 이유만으로 누군가를 만나서 곧바로 그 사람의 영성에 신뢰를 보내는 경우도 있을 수 있다.

우리는 흔히 자기의 견해와 개인적인 확신을 고양하면서 서로 교제를 나누기 위한 토대로 그런 관점들을 활용하기 위해 오직 '가정을 중심으로 생각하는' 사람들과만 어울리기 쉽다. 그러나 굳이 홈스쿨을 하지 더라도 앞으로 영원히 우리와 함께 머물 수 있는 사람들인데 더 이상 교제를 나누지 않는다면 너무 지나치게 배타적인 길을 걸어가고 있는 것은 아닌가? 예수님의 사랑과 헌신에 기초해서 교제를 나누어야 한다는 시각을 잃어버린 것은 아닌가? 개인적인 기준과 협소한 관점으로 그리스도인의 자유를 대체시키고 있지는 않은가? 이런 것들을 곰곰이 따져보아야 한다.

남을 쉽게 판단하는 가정에서 자라난 아이들이 보여주는 몇 가지 심각한 결과들이 있다. 겉모양을 강조하면서 다른 사람들에게 비판적으로 판단하는 말을 일삼는 부모의 본보기는 우리 자녀들에게 굉장히 부정적인 영향을 미칠 것이다.

a. 자녀들이 다른 사람들을 판단하는 부모의 본보기를 보고 배우면서 우리의 얄팍한 가치관을 옷 입고 자라날 수 있다. 만약 우리가 추구하는 가치들이 매우 얄팍하다는 사실을 잘 모른다면, 우리는 자기 아이들의 품행이 굉장히 단정하다고 생각하여 오히려 자랑스러워할 것이다. 우리 아이들이 다른 사람들의 자녀양육상의 실수나 결점, 또는 영적인 무지를 지적할 때 그 아이들에게 "교만하

지 말라"고 타이르는가, 아니면 그 아이들의 '통찰'을 칭찬해 주는가? 우리 자녀들이 다른 부모나 아이들의 잘못을 지적하면서 우리의 칭찬을 얻으려 할 때 결코 흐뭇해해서는 안 된다. 오히려 연민과 존중의 자세를 갖도록 자녀들을 지도해야 한다.

b. 만약 자녀들이 부모의 나쁜 본보기를 보고서 다른 사람들을 판단하는 법을 배우지 않은 경우라면, 그것은 자녀들이 자신에 대한 부모의 판단을 두려워하기 때문일지도 모른다. 부모가 판단하는 소리를 들으면 우리 자녀들은 마치 자기가 그 사람이라도 된 것처럼 느낀 나머지 마음속에 간직하고 있는 진짜 가치들을 우리에게 숨기게 된다. 만약 우리 아이들이 십 대 시절에 우리 가치들을 순순히 받아들이는 것처럼 행동한다고 하더라도 그다지 놀랄 필요는 없다. 사실 이 시기에 자녀들은

단지 징계와 잔소리를 피하고 싶어서 그렇게 행동할 뿐이다. 실제로 이런 아이들은 우리에게 마음 문을 굳게 닫아 놓고서 기회를 얻자마자 집을 떠날 가능성이 농후하다.

c. 또한 자녀들이 부모의 '신앙'이 얼마나 얄팍한지를 직시하고서 조금도 매력을 느끼지 못할 가능성도 있다. 기독교는 권장사항과 금지사항(do's and don'ts)으로 가득한 어떤 종교 체계가 아니다. 기독교는 그분의 백성에게 자기 생명을 내어주신 놀라운 구세주를 따르는 일이다. 주로 '이것을 피하고, 저것을 입고, 여기에는 참석하고, 저기에는 가지 않는' 것으로 이루어진 율법주의적인 믿음은 대다수 자녀에게 별로 매력적이지 않다. 그런 아이들은 온갖 지식과 율법으로 충만한 채 자라나지만, 우리 주 예수 그리스도에 대해서는 별다른 매력을 느끼지 못하게 된다. 비록 이른 나이에 자신의 정

체성을 예수 그리스도 안에서 확인하기는 하지만, 부모에게 배운 신앙 탓에 기독교를 주로 종교적인 율법과 교리로 가득한 것으로 특징지을 가능성이 크다. 종교적인 기준의 무게감에 짓눌려서 자랐으나 그 기준대로 살아갈 수 있는 은혜와 능력이 없었기 때문에 그리스도인으로서의 정체성을 결국에는 버리고 말 것이다. 그와 같은 수많은 젊은이가 지금까지 '종교'를 벗어던졌고, 그렇기에 그들은 여전히 예수 그리스도와 구원의 은혜를 발견할 필요성이 남아 있다.

이런 교만과 판단의 영역은 일일이 확인하고 단절하기가 어려운 상대임을 알려주고 싶다. 본질상 교만은 우리의 사고와 인식을 걸러내는 여과 장치처럼 작동한다. 결과적으로 우리는 그것을 스스로 합리화한다. 그래서 나는 심지어 지금 이 순간에도 하나님께서 가려진 우리 눈을 여셔서 모든 사람에게 자유를 주시도록 간절히 기도한다. 만약 우리가 쉽게 판단하는 관점을 내버릴 수만 있다면 우리 아이들은 부모 안에 있는 우리 구주 예수 그리스도의 아름다움을 제대로 발견할 가능성이 훨씬 더 높아질 것이다.

홈스쿨 부모가 빠지기 쉬운 일곱가지 맹점

05

아이들은 자기결정권을 가진
개별적인 인격체이기 때문에
자신에게 필요한 성장과정을
스스로 찾아갈 것이며
언젠가 스스로 하나님을 인정하고
신뢰하는 때가 찾아올 것이다.

05
권위와 통제에
지나치게 의존하는 경향

  우리가 겉모양새에 집착하다 보면 우리 초점은 점차 얄팍해지면서 행동 중심적으로 옮겨가는 경향을 나타내게 된다. 그리하여 마치 자기 아이들이 무슨 장미 넝쿨이라도 되는 양, 끊임없는 가지치기와 묶어주기를 통해 일정한 방향으로 자라도록 훈련할 수 있다고 생각한다. 연이어 나타나는 결과로, 지나치게 권위에 의존하여 우리 자녀들을 완전한 자기 통제 아래에 두려고 시도하기도 한다. 마치 부모 자신이 하나님을 대신하여 직접 자녀들에게 하나님의 말씀을 먹이고, 해로운 영향력으로부터 아이들을 보호하고, 일관성 있게 아이들을 훈련할 수 있는 것처럼 생각할 뿐만 아니라 외적으로 높은 기준을 유지하면 자동으로 내면이 갖추어지는 것처럼 생각한다.

여러 해 전에 처음으로 자녀양육에 대해 가르치기 시작했을 때, 나는 적절한 자녀양육을 설명하기 위해 실제로 장미 넝쿨을 기르는 예화를 사용했던 것으로 기억한다. 그게 훈련에 관한 부정확한 본보기이기 때문이 아니라 자녀양육에 관해서는 매우 부적절한 본보기이기 때문에, 그런 식으로 설명한 것은 전적으로 나의 실수였다. 장미 넝쿨을 성공적으로 기르기 위해서는 목표와 계획이 있어야 하며 부지런히 수고해야 한다.

풍성한 열매를 맺기 위한 자녀양육에도 동일한 것들이 필요하다. 그러나 아이들은 단순한 식물이 아니라 사람이며 자기 결정권을 가진 개별적인 인격체이므로 궁극적으로 부모의 영향력에 어떻게 반응할지는 아이들이 스스로 결정하게 된다.

만약 이것을 제대로 이해하지 못하면 우리 아이들이 성인기에 접어들 때까지 강하게 통제하려는 유혹을 받게 될 것이다. 그래서 우리 품을 떠나 집을 떠나가는 날까지 부모가 선택한 틀에다 아이들을 꽉 붙잡아 두려고 애쓸 것이다. 우리 자녀들이 자기네 결혼생활에 접어드는 시기까지도 부모의 틀을 그대로 유지할 것이라고 착각하면서 말이다.

때때로 부모로서 우리는 자녀들의 인생에 대해 지나치게 많은 권력을 휘두르려고 애쓴다. 그러한 관점은 확실히 우리가 지배적인 자녀양육 형태를 고수하게 하여, 십 대 아이들과 (부모-자녀) 관계를 망가뜨리고 아이들의 가치관에 진정으로 영향을 미치는 우리의 능력을 무너뜨릴 가능성이 있다.

부모가 아무리 강력하게 많은 통제와 제한을 가한다고 할지라도 부모가 지도하는 대로 아이가 정확하게 반듯이 자라난다는 보장은 아무 데도 없다. 분명히 그와 같은 부모의 훈련으로 우리 아이들이 장성한 나이에 이르더라도 계속해서 믿음을 고수할 가능성이나 반항기에 접어들더라도 순순히 그리스도에게로 돌아올 가능성을 훨씬 더 높여주기는 하겠지만, 부모의 훈련이 자동으로 바람직한 결과를 보장해주지는 않는다.

"마땅히 행할 길을 아이에게 가르치라 그리하면 늙어도 그것을 떠나지 아니하리라"라는 잠언 22장 6절의 말씀 때문에 부모가 자녀양육의 결과를 완전히 통제할 수 없다는 주장에 대해 혼란스러운 사람도 있을 것이다. 10년 전이라면 나도 그랬을 테지만, 문제시되는 단락을 면밀히 검토해본 이후로는 이 구절이 결과에 대한 약속과 보증이 아니라 단지 지혜로운 권고에 지나지 않는다고 확신하게 되었다. 잠언에 등장하는 다른 많은 구절과 마찬가지로 이 구절은 약속이라기보다는 가망성에 대한 언급으로 기록되었다.

현대어 성경에서는 잠언 22장 6절을 "어떻게 사는 것이 사람답게 사는 길인지 어린아이에게 가르치라.

나이 먹어 늘그막에도 그 가르침이 머릿속에서 떠나지 않으리라"라고 기록하고 있다. 잠언은 솔로몬이 자식들에게 전해준 지혜로운 격언집이다. 지혜로운 격언은 일반적으로 사실이기는 하지만, 예외가 전혀 없는 것은 아니다. 예를 들어, 22장만 해도 가망성에 관한 언급이 적어도 다섯 군데나 등장한다. 4절, 11절, 14절, 16절, 그리고 26절을 한번 살펴보라. 모든 구절이 다약속인 것처럼 보이지만, 실제로는 어느 것도 그렇지 않다. 오히려 각 구절은 올바로 살아가는 데 필요한 지혜를 계시하려고 의도하고 있다. 예를 들면, 4절은 이렇게 진술하고 있다. "겸손한 사람과 주님을 경외하는 사람이 받을 보상은 재산과 영예와 장수이다"(새 번역).

이게 보장된 약속인가? 전혀 그렇지 않다. 예수님과 사도들은 겸손했지만 모두 굉장히 가난했고 치욕을 당했으며 많은 고난을 겪었다(고전 4:9-13). 그러나 이것은 참 진실한 말씀인데, 일반적으로 겸손한 사람과 주님을 경외하는 사람은 좋은 성품과 깨끗한 마음을 소유하고 있어서 사업과 사회에서 성공할 가능성이 매우 크다.

잠언 22장 6절은 단지 부지런히 아이들을 훈련하면 그 아이들의 인생에서 영속적인 열매를 맺을 것이라고 말한다. 그 아이들은 어린 시절부터 늘그막에 이르기까지 흔들리지 않고서 그리스도를 따라갈 수 있을 것이다. 그렇지 않다면 탕자처럼 성인기에 이르러 회개하기 전까지 한동안 잘못된 선택을 일삼을지도 모른다. 또한 우리 자녀들이 탕자의 형처럼 순종적으로 집에 머물러 있을 수도 있지만, 내적으로는 자기 의와 쓴 마음이 가득한 탕자가 되어 있을 수도 있다. (이와 같은 특정한 시나리오는 어떤 부모에게 그다지 당황스럽지 않을지도 모르지만, 성인기에 이른 자녀가 그릇된 선택을 할 가능성은 여전히 남아 있음을 보여준다.) 솔직히 말해 탕자가 반항하는 삶을 계속해서 살아가면서 결코 그리스도께로 돌아오지 않을 가능성도 희박하나마 여전히 남아 있다.

잠언 22장 6절에서, 우리는 자녀들을 부지런히 훈련하는 것에 대해 커다란 격려를 받으면서도 우리 아이들이 언제나 마음대로 다스릴 수 있는 동물도 아니고 우리 멋대로 자르거나 구부릴 수 있는 식물도 아니라는 점을 반드시 기억해야 한다. 아이들은 자기 결정권을 가진 개별적인 인격체이기 때문에 자신에게 필요한 성장 과정을 스스로 찾아갈 것이며 언젠가 스스로 하나님을 인정하고 신뢰하는 때가 찾아올 것이다.

우리 큰아이들 세 명이 어렸을 때 아내와 내가 이와 같은 사실을 제대로 이해하고 있었다면 얼마나 좋았을까! 우리는 그 아이들을 마치 찰흙이라도 되는 양 부모가 끈덕지게 모양을 빚으면 그렇게 변할 것으로 생각했다. 그래서 아이들을 부지런히 가르쳤을 뿐 아니라 십 대 시절에 접어들어서도 아이들을 지배하고 통제했다. 어떤 접근 방식이든 주로 권위적이었으며, 그래서 아이들이 우리에게 무례하게 반응하는 모습을 그냥 보아 넘기지 못했다. 그렇다고 우리가 옹졸한 야만인처럼 굴었다는 의미는 아니다. 그래도 우리 집에는 사랑이 가득 흘러넘쳤다. 그러나 우리는 아이들에게 동기를 부여하는 주요 원천으로 부모의 권위를 두려워하게 만드는 방식에 의존했다.

그 당시에 우리가 제대로 깨닫지 못한 것은 아이들을 위협하여 억지로 순응하게 만드는 것과 아이들의 마음을 얻어 자연스럽게 순종하게 만드는 것 사이의 엄청난 차이점이었다. 어쩔 수 없이 순응하도록 아이들을 위협하면 단지 겉으로만 순응할 뿐이다. 아이들의 마음을 얻는 것은 그 아이들의 가치관에 영향을 미칠 수 있는 훨씬 더 커다란 기회를 얻는다는 의미다.

여기서 오해가 없도록 나는 『성경적 자녀양육 지침서』에서 언급한 여러 가지 내용을 아직도 굳게 믿고 있으며, 어린 시절에 우리 아이들을 강하게 통제하는 것이 성장 과정에서 굉장히 중요한 부분이라고 여전히 생각하고 있다는 점을 강조해야겠다.

아이들의 인생에서 일찌감치 부모가 강력하게 통제

권을 확립하는 것은 꼭 필요한 영역이다. 우리 아이들은 어렸을 때부터 외적인 통제에 순종하는 법을 배워야 그와 동시에 점차 내적인 통제력을 키워가게 된다. 그리고 내적인 통제력(절제)을 키우도록 훈련된 아이일수록 점차 자라가면서 자신이 배운 가치들을 훨씬 더 잘 받아들이게 될 것이다. 그러나 우리 아이들의 머리가 점점 굵어져 청소년기에 이르렀을 때조차 강한 통제로 아이들에게 영향을 끼치려는 방식에 여전히 초점을 맞추고 있다면, 십 대 아이들이 가끔 독립적인 영을 나타내기 시작하더라도 그리 놀랄 일이 아니다.

나는 '순종적이고' 모범적인 홈스쿨 학생들이 성년으로 진입하는 만 18번째 생일 이후 언제든 (기회를 보아서) 가족을 떠나거나 부모의 가치관을 가차 없이 버리는 것을 수도 없이 보아왔다.

한번 주목해 보라. 이 아이들의 부모는 자녀들을 너무나 확실하게 관리해 왔기 때문에 자기 아이들이 성인기에 이르러서도 계속해서 순종적이고 경건한 삶을 살아갈 것이라고 절대적으로 확신하고 있었다. 그리고 이런 부모 가운데 많은 사람은 겉으로 단정한 품행을 보이는 자기 아이들에 대해 굉장히 자랑스러워했다.

이렇게 부모가 아이들을 언제든지 마음대로 통제할 수 있다는 믿음과 능력을 바탕으로 그릇된 안정감을 키워가는 데에는 커다란 위험과 유혹이 도사리고 있다. 두말할 필요도 없이 모범적인 아이들이 점차 자라가면서 그와 같은 관점을 가진 부모의 가치관을 가차 없이 버릴 때, 그건 부모들을 겸손하게 만드는 한 가지 방법이기도 하다.

우리가 통제에 지나치게 의존하는 경향을 보인다는 표지 중 하나는 우리가 아이들을 원하는 결과에 도달하도록 무엇을 할 수 있는지를 늘 알고 싶어 한다는 것이다. 물론 이 말이 어떤 사람들에게는 혼란스럽게 다가올 것이다. 왜냐하면 이 사람들은 다름 아닌 바로 그렇게 할 수 있는 방법이 무엇인지를 알아내고자 이 책을 읽고 있을 것이기 때문이다.

그래서 나는 14년 동안 공산주의자들에게 투옥당해 극심한 고초를 겪었던, 참 노련한 성도인 리처드 윔 브랜드 목사에 관한 이야기를 소개하도록 하겠다.

1988년 부활주일 아침, 윔 브랜드 목사는 우리 집에서 모이는 새로 개척한 교회에서 말씀을 전하고 있었다. 윔 브랜드 목사는 우리에게 전하고 싶은 이야기를 다 끝내고는 질의응답 시간을 가졌다.

우리 아내 베벌리가 처음으로 말문을 열어서 새로운 개척교회로서 점차 성장하고, 건강해지고, 하나님 나라를 전파하기 위해 할 수 있는 일이 무엇이냐고 물었다. 윔 브랜드 목사는 완전히 우리 허를 찌르면서 이렇게 대답했다.

"전 그 질문에 대답할 수 없습니다. 또 질문 있으신 분?"

그러고는 한 젊은이에게 질문을 받았는데, 그는 교회가 루마니아에서 겪은 그런 종류의 박해를 받지 않기 위해 미국 그리스도인들이 할 수 있는 일이 무엇인지를 알고 싶어 하는 정치 행동가였다. 웝 브랜드 목사는 또 이렇게 대답했다.

"전 이 질문에도 역시 대답할 수 없어요! 그건 올바른 질문이 아니기 때문에 당신의 질문에 대답할 수 없습니다. '내가 무엇을 해야 하느냐?'라고 묻는 것은 마치 '나무 위에서 숭늉을 찾을 수 있나요?'라고 엉뚱하게 묻고 있는 것이나 마찬가지예요. 아무도 나무 위에서 숭늉을 찾지는 않지요! 그리스도인으로서 우리는 '내가 무엇을 해야 하느냐?'라고 물을 수 없어요. 오히려 우리는 '내가 어떤 사람이 되어야 하느냐?'라고 물어야 해요."

웝 브랜드 목사가 말하려는 요점은 열매 맺는 그리스도인의 삶이란 안에서 밖으로 흘러나온다는 뜻이었다. 그건 우리 행위에 달린 게 아니라 우리 존재에 따라, 곧 우리 됨됨이에 따라 달라진다는 것이다.

가장 먼저 변화되어야 하는 곳은 내면이며, 그러고

나면 마음에서 건강하고 진실한 표현이 밖으로 흘러나오게 되리라는 뜻이다. 예를 들면, 근시안적인 질문은 "자유주의자이자 여성주의자인 동생에게 사랑을 보여주기 위해 제가 어떻게 할 수 있을까요?"라는 식이다. 그런 질문이 실제로 자기 여동생을 사랑하는 것보다 더 나을 수 있겠는가? 첫 번째 접근 방식은 겉모양에 관심을 두는 것이지만, 두 번째 접근 방식은 실제로 마음에 자리 잡고 있는 것에 기초하기 때문에 훨씬 더 커다란 영향력을 발휘하게 될 것이다.

당면한 문제는 사랑의 모양이 아니라 실제로 사랑하는 것이다. 우리 아이들에게도 역시 우리가 무엇을 해야 할지에 마음을 빼앗긴다면, 온갖 올바른 단계를 따라가면서 홈스쿨 대가들이 제시하는 온갖 기준을 구체적으로 실행한다고 하더라도 우리는 단지 외면만을 다루게 될 뿐이다. 그렇게 되면 마치 실제 마음속으로 전해지는 것은 아무것도 없이 단지 바깥에서 안으로 들어가기 위해 부질없이 여러 가지 애를 쓰는 것과 같다.

여러 해 동안 나는 《견고한 가족 정체성 개발하기 (Creating a Strong Family Identity)》라는 제목으로 컨벤션 워크숍을 인도해왔다. 이 기조연설은 굉장한 인기를 누렸으며, 청중으로부터 엄청난 반응을 끌어냈다. 거기에는 부모들이 가족 유대를 강화하기 위해 따를 수 있는 다양한 단계가 포함되어 있었다. 그런 까닭에 꽤 괜찮은 강연이기는 했지만, 그래도 여전히 깊이 있는 내용을 충분히 다루지는 못했다고 생각한다. 나는 강한 가족 정체성을 가진 가정들을 주의 깊게 살펴보면서 그 강의를 준비하기는 했지만, 그와 같은 유대가 전적으로 내가 정리한 여러 가지 단계들을 따랐기 때문에 생겨난 결과라고 보기는 매우 힘들었다. 그와 같은 강한 가족 유대는 어떤 과정을 따랐기 때문이 아니라 실제로 서로 사랑함으로써 점차 발전되었기 때문이다.

내가 제안한 단계들을 경청했던 사람 중에서 다수는 집으로 돌아가서 그 과정을 구체적으로 실행한 덕

분에, 여러 가지 좋은 성과를 거두어 매우 기뻐하고 있다는 소식을 많이 들었다. 그러나 의미심장한 가족 유대는 어떤 과정에 따라 외적인 통제와 단계를 거쳐 간다고 해서 생겨나는 게 아니라 가족들 사이에서 이루어지는 사랑의 열매이다. 우리 목표는 주로 그리스도의 사랑을 키워가는 것이어야 한다. 첫째로 우리 마음속에서(엡 3:17-19), 그다음에는 모든 가족에게서 그런 사랑이 싹터야 한다.

한번은 하나님 나라에 기초한 세계관으로 자녀를 양육하는 일에 경험이 많은 한 홈스쿨 엄마의 기사를 읽은 적이 있다. 그 기고자는 자기 아이들이 외부 봉사활동에 적극적으로 참여하는 모습을 보면서, 이를 기초로 자기네 부부가 아이들에게 봉사활동에 관한 비전을 키워주기 위해 발전시켰던 여러 가지 단계들을 독자들에게 제시하고 있었다.

나는 이 기사에서 제안하고 있는 방법들에 함축된 소중한 가치를 발견하고 매우 감사했다. 그것들은 정말 굉장한 영감과 통찰을 불어넣는 것이었다. 그러나 이 아이들이 외부 봉사활동에 대한 비전을 갖고 자라날 수 있었던 것은, 단지 부모가 그와 같은 온갖 단계들을 거치도록 했기 때문이 아니라 그리스도인으로서 부모가 정말 놀라울 정도로 굉장한 비전을 소유하고 있었고 그게 자연스럽게 아이들에게 전파되었기 때문이라고 확신한다. 그러니까 부모가 무슨 조치를 했기 때문이 아니라 부모의 존재 자체가 아이들에게 자연스럽게 영향을 주었다는 것이다.

이 기사에서 그 엄마가 제안한 여러 가지 단계들은 무슨 컨퍼런스에서 배운 것도 아니고 아이들에게 억지로 강요한 것도 아니다. 그 단계들은 단지 이 부부의 마음속에 이미 자리 잡고 있었던 것들을 겉으로 표출시킨 것뿐이었다.

이 기사를 읽는 과정에서 수많은 홈스쿨 엄마가 거기에서 제안하는 모든 단계를 실행하는 모습을 그려보면서 하나님 나라에 기초한 자녀들로 양육하기 위해서는 어떤 조치를 해야 할지를 곰곰이 생각해보게 되었다. 그런 엄마 중에서 많은 사람이 비록 자기 가정에서 그런 모든 단계를 구체적으로 실행해 볼 수 있을지는 몰라도, 아이들이 십 대 후반으로 점차 도달하게 될 때 결과적으로 한 가지 피할 수 없는 깨달음을 얻게 될 것이다. 부모가 외적인 것들을 강요하는 통제 때문이 아니라 부모의 내면에서 흘러나오는 것들을 붙잡음으로써 우리 아이들은 영적으로 활짝 피어난다는 사실을 말이다.

원래 요점으로 다시 돌아가서, 십 대 시절 자녀들에게 영향을 미치기를 원하는 부모는 아이들을 순종적으로 만들기 위해 오로지 권위에만 엄격히 의존해서는 안 된다. 솔로몬은 우리에게 균형 있는 자녀양육에 관해 훌륭한 본보기를 제시하고 있다. 솔로몬은 성년에 이른 자식들에게 여러 가지 계명을 제시하기는 하지만 자녀들이 자신의 명령을 존중하도록 하기 위해서는 자식들의 마음을 얻어야 한다는 사실을 잘 알고 있었다.

그게 바로 솔로몬이 "내 아들아 네 마음을 내게 주며 네 눈으로 내 길을 즐거워할지어다"(잠 23:26, 개역)라고 말한 이유다.

사도 바울도 역시 자신이 권고하는 사람들의 마음을 얻는 것이 얼마나 절실하게 필요한지를 잘 알고 있었다. 그래서 이렇게 말했다.

"그러므로 그리스도 안에서 나는 그대가 마땅히 해야 할 일을 아주 담대하게 명령할 수도 있지만, 우리 사이의 사랑 때문에 오히려 그대에게 간청을 하려고 합니다"(몬 1:8-9, 새번역).

만약 십 대 자녀들에게 의미심장한 영향을 끼치려고 한다면 우리는 먼저 아이들의 마음을 얻어야 한다. 자녀들의 마음을 얻는다는 것은 단지 우리 아이들의 외적인 행위뿐만 아니라 그 아이들의 존재 자체에 영향을 미칠 기회를 확보한다는 뜻이다.

홈스쿨 부모가 빠지기 쉬운 일곱가지 맹점

06

세상에서 형통하도록

자녀들을 준비시키고 싶다면,

우리는 아이들을 세상으로 데리고 나가야 하며

세상과 부딪치면서

관계하는 법을 가르쳐주어야 한다.

06
과잉보호

　가정에서 지나치게 통제에 의존하는 경향은 종종 아이들을 보호하고 차단하는 것에 지나치게 집중하게 한다. 우리 아이들이 무엇을 보고 듣든지 간에 홈스쿨 부모들은 일일이 그것을 걸러내려고 하므로 아이들의 인생에서 나타나는 결과를 제대로 통제하고 있다고 느끼는 것은 흔히 있는 일이다. 그게 바로 여러 해 동안 내가 보여준 모습이었다. 나는 자주 사람들에게 이렇게 말했다.

"저는 우리 아이들의 삶에 미치는 영향력들을 철저히 통제하고 있으니 그 결과도 충분히 제 손안에 있다고 생각합니다."

나는 우리 아이들이 어떤 중대한 유혹과 시험을 받지 않는 것은 물론이거니와 특정한 나쁜 습관들도 역시 키우지 못하리라고 절대적으로 확신하고 있었다. 왜냐하면 내가 우리 아이들의 가치관에 영향을 미치는 것들을 철저히 통제하고 있다고 믿었기 때문이다.

나는 아무것도 당연하게 여기지 않았으며, 우리 가족이 접촉하는 모든 것들의 영향력을 세심하게 평가했다. 우리 큰아이들이 어렸을 때 이미 텔레비전을 내다 버렸고, 오로지 승인된 비디오만을 볼 수 있도록 허락했다. 곧 남녀관계나 신비적인 능력을 다루는 영상물은 금지하였다. 그러므로 뽀빠이Popeye나 메리 포핀스Mary Poppins 같은 것들은 당연히 제외되었다. 우리 아이들은 교회 친구들의 생일 파티에는 종종 참석하기도 했지만, 생일 맞은 친구의 엄마가 우리 집 '금지' 목록에 들어있는 비디오를 보여주려고 한다면, 다른 방으로 가서 그 비디오가 끝날 때까지 혼자 놀라고 단단히 일러두었다. 우리 아이들이 듣는 음악도 주의 깊게 차단했으며, 친구들과 어울릴 때도 우리 아이들을 조심스럽게 지켜보았다.

우리 아이들은 이웃에 있는 대다수 아이와 마음대로 어울릴 수 없었으며, 심지어 어떤 경우에는 소위 '같은 생각을 품은' 가정의 아이들과도 멀리 떨어뜨려 놓아야 했다. 우리 아이들은 세속적인 출판물에도 무작정 노출당하지 않도록 보호받았고, 우리 가치와 어울리지 않는 가치들을 촉진하는 일부 기독교 서적이나 잡지는 말할 것도 없이 멀리했다. 청소년 단체나 스카우트 활동도 전혀 경험해 보지 못했다. 초인적인 능력을 지닌 것으로 그려지는 슈퍼히어로Superheros와 바비 인형Barbies 뿐만 아니라 산타클로스, 핼러윈, 추수 파티 같은 것들도 딱 질색이었다.

나는 우리 아이들이 단정치 않게 옷을 입은 여성들의

모습에 노출되지 않도록 월마트나 대형쇼핑몰 같은 곳에 거의 데려가지 않았다. 만약 우리 가족이 차를 몰고 가야 하는 도로 중에 스트립쇼를 보여주는 클럽을 지나가야 한다면, 그런 건물 쪽으로 조금도 눈길을 주지 말라고 엄하게 경고했다.

이런 기준이 내가 알고 있는 어떤 부류의 사람들만큼 철저한 것은 아니었지만, 나는 우리 가족들이 노출되는 것과 관련해 지극히 선별적이었다. 그리하여 우리 아이들이 어떤 타락한 영향력으로부터 철저히 보호되도록 조치하고 싶었다. 그런데 내가 원하는 결과를 얻기 위해서는 이처럼 과잉보호를 통해 강조하는 것보다 훨씬 더 많은 조치를 해야 한다는 사실을 전혀 알지 못했다.

지난 수년 동안 나는 지나칠 정도로 과잉 보호된 홈스쿨 아이들이 점차 자라나면서 부모의 가치를 내동댕이쳤다는 소식을 무수히 들었다. 이런 아이들 가운데 일부는 한 번도 부모의 품을 떠난 적이 없었고, 여러 명이 함께 어울리는 자리에는 어떤 형태이든 참여해 본 적이 없었으며, 심지어 '같은 생각을 품은' 아이들과도 함께 어울린 적이 없었다. 그런데도 이 아이들은 세상의 쾌락을 향한 욕망을 내면에서 꾸준히 키워가고 있었다.

과잉 보호된 아이들이 자라면서 부모의 가치들로부터 돌아서는 모습을 지켜보아야 했던 반면, 그와는 달리 공립학교에 다니면서 텔레비전도 보고 청소년 단체 활동에도 참여하고 이성 교제도 해보았던 일부 그리스도인 젊은이들이 오히려 순결한 삶을 살면서 부모와 존중하고 사랑하는 관계를 맺고 있으며, 이제는 훌륭한 결혼생활을 영위하고 있는 모습도 목격하게 됐다. 이 부모들은 소위 '과잉보호의 법칙들'을 모두 위반했지만 그 아이들은 오히려 가족들과 친밀한 관계를 유지하면서 자라났고, 그리스도와 동행하는 삶으로 돌아와 있었다. 초강력 과잉보호는 분명히 그 아이들을 위한 궁극적인 해답이 아니었다.

각종 유혹이나 시험 거리, 그리고 타락한 영향력으로부터 아이들을 보호하는 것은 자녀양육의 지극히 일부분에 지나지 않는다. 모든 부모는 이런저런 정도로 자녀들을 보호한다.

우리는 모두 식습관, 관계, 독서와 오락거리에 관한 기준을 나름대로 설정한다. 어떤 부모는 아이들에게 네트워크 텔레비전을 보도록 허용하면서도 케이블 영화채널은 보지 못하게 한다. 다른 부모는 네트워크 텔레비전을 금지하는 반면, 부모가 인정한 비디오는 허용한다. 또 다른 부모는 오로지 부모의 승인을 받은 기독교 비디오만을 보도록 허용하고, 또 다른 부모는 오로지 책만을 보도록 허락한다.

모든 부모는 어떤 방식으로든 자기 아이들을 보호한다. 각 부모는 각각 다른 영역에서 각자 다른 기준을 설정하고 있을 뿐이다.

우리 자녀들을 보호하는 것은 부모의 사랑을 나타내는 자연스러운 반응일 뿐만 아니라 하나님의 명령을 성취하는 것이기도 하다. 성경은 분명히 우리에게 정욕을 채우려고 육신의 일을 꾀하지 말며(롬 13:14), 온갖 타락한 영향력을 피하라고(고후 6:17~7:1) 명령한다. 성경은 나쁜 친구를 사귀면 선한 행실을 더럽힌다고(고전 15:33) 하고, 나쁜 사람들과 너무 많은 시간을 보내는 자는 그 행위를 본받게 된다고(잠 22:24-25) 하며, 그로 말미암아 해를 입게 될 것이라고(잠 13:20) 경고한다.

"사람이 감당할 시험밖에는 너희가 당한 것이 없나니 오직 하나님은 미쁘사 너희가 감당하지 못할 시험당함을 허락하지 아니하시고 시험 당할 즈음에 또한 피할 길을 내사 너희로 능히 감당하게 하시느니라(고전 10:13)"라는 말씀처럼 우리도 마땅히 자녀들이 아직 거기에 대처할 만한 도덕적인 힘을 기르지 못한 각종 상황을 적절히 피하도록 도와주어야 할 것이다. 어린아이들은 연약하기 때문에 우리는 연약한 자들을 당연히 보호해야 한다(살전 5:14).

하나님께서 이스라엘 백성이 약속의 땅으로 들어가

기 전에 지침을 주셨을 때, 그분은 인간 본성의 취약성을 충분히 이해하고 계셨다. 하나님께서는 이스라엘 백성들에게 그 땅에서 우상을 섬기는 이방인들을 모두 몰아내라고 명령하셨다. 그것은 하나님의 백성들이 그 사람들과 어울리면서 우상숭배에 빠져들지 않도록 하기 위해서였다(출 23:32-33, 민 33:51-56, 수 23:7-13). 그런데 이스라엘 백성들은 하나님의 지혜로운 경고, 보호하시는 권고를 무시하고 그 땅에 살고 있던 일부 이방인들을 그대로 남겨두었다.

그에 따른 결과로 그 이후 이어지는 각각의 젊은 세대는 우상숭배에 빠져들 수밖에 없었다. 하나님께서는 이스라엘 백성에게 가족을 보호하라고 지시하셨지만, 그들은 하나님의 경고를 무시함으로써 자기 자녀 세대와 그 이후 세대 후손들에게 대대로 고난을 초래했다.

나쁜 영향력에서 우리 가족들을 보호하는 것은 각자의 안전을 위해 굉장히 중요하고 필수적인 일이지만 균형을 잃어버리고 지나칠 정도로 과잉보호에 의존할 가능성이 있다. 우리는 다음과 같은 여러 가지 방식으로 그렇게 하게 된다.

1. 보호를 넘어 공급으로

해로운 것들로부터 보호하는 조치가 우리의 자녀양육을 지배하는 표현일 경우에 우리는 균형을 잃게 된다. 나쁜 것으로부터 우리 아이들을 보호하는 것에 더 많은 관심을 기울이고 있는가, 아니면 우리 자녀들에게 좋은 것을 경험하도록 하는 데 더 많은 관심을 기울이는가? 다시 한번 묻고 싶다. 나쁜 것으로부터 우리 아이들을 보호하는 것에 더 많은 관심을 기울이고 있는가, 아니면 우리 자녀들에게 좋은 것을 경험하도록 하는 데 더 많은 관심을 기울이는가?

우리 자녀를 양육하는 것이 마치 가족 식단을 짜는

것과 같다는 사실을 한번 곰곰이 생각해보라. 만약 우리가 자녀들에게 각종 군것질이나 인스턴트 식품을 먹지 못하게 하는 대신, 오로지 건강식품만을 아이들에게 먹인다면 아이들의 몸은 오히려 부정적으로 반응할지도 모른다. 지나치게 많은 즉석식품으로부터 아이들을 보호하는 것은 분명히 좋은 생각이긴 하지만 아이들의 몸에는 균형 있는 영양분을 제공하는 것이 필요하다. 신체적인 건강은 해로운 음식을 피하는 접근 방식뿐만 아니라 좋은 것을 균형 있게 섭취하는 접근 방식 모두를 취해야 한다.

영적으로, 도덕적으로 건강한 아이들을 양육하기 위해서도 그와 같은 접근 방식을 취해야 한다. 분명히 해로운 영향력으로부터 자녀들을 보호해야 하지만 거기에서 한 걸음 더 나아가 영적으로, 도덕적으로 우리 아이들을 강하게 만드는 자양분을 충분히 공급해주어야 한다.

내 경우에는 우리 큰아이들을 건강하게 만드는 데

투자하는 것보다 해로운 영향력을 받지 않도록 보호하는 데 더 큰 노력을 기울였다. 나도 물론 우리 아이들에게 살아계신 하나님과 그분의 나라에 대해 상당히 많은 것들을 가르쳤으며, 우리 아이들이 하나님의 말씀과 하나님 나라에 관한 이야기로 흠뻑 젖어 들게 했다.

우리 아이들의 삶은 온통 국내외 봉사활동과 사역으로 가득했지만, 상대적으로 나는 우리 아이들을 보호하는 일에 매우 신경을 썼다. 나는 지속해서 우리 삶의 모든 영역에서 나타나는 외부적인 영향력을 세밀하게 분석하고 있었고, 우리 아이들은 다음번에 아빠가 무엇을 금지사항으로 선포할지 도무지 알 수 없었다.

나처럼 세밀하게 분석하지 않는 부모들이라고 하더라도 다만 자기 취향에 맞는 선생이 나타나 자기 가정에서 아직은 보이지 않는 위험성을 밝혀주기를 기다리고 있을 뿐이다. 균형을 잃은 가정의 부모들은 대부분 해로운 영향력으로부터 아이들을 보호하는 데 열정적이기는 하지만 정작 아이들은 그와 같은 열정을 목격한 이후로 기독교란 대체로 '나쁜 것을 피하기만 해야 하는 종교'로 보게 된다는 것이다.

세상으로부터 보호하는 것이 기독교를 규정하는 지배적인 특징으로 자리 잡게 될 때, 우리 아이들이 자라나서 우리에게서 배운, 생명 없는 '도피하는 종교'를 버린다고 해서 그렇게 놀랄 필요도 없다. 이미 4장에서 언급한 대로, 그건 우리 아이들이 흠뻑 빠져들어야 할 믿음이 결코 아니다. 사실상 우리 아이들을 내쫓아버리고 마는 한낱 종교에 지나지 않는다.

지금까지 내 평가에서 중요한 낱말은 '열정'이라는 점에 주목해주기를 바란다. 자녀들은 부모가 입으로 강조하는 것이 아닌, 부모가 열정을 쏟는다고 생각하는 것을 통해 부모에게 중요한 것이 무엇인지를 배우게 된다.

아이들에게 부모의 우선순위를 고양하는 것은 잠재적인 타락에 대한 우리 반응의 강도이다. 만약 아이들이 부모에게서 자기들을 구비시키기보다 보호하려는 경향이 훨씬 더 강하게 나타나는 모습을 보게 된다면, 혹시 자녀들이 기독교를 '도피하는 종교'라고 부정적으로 보게 되더라도 전혀 놀랄 필요가 없다. (사실상 부모의 반응 강도는 오히려 금지된 대상에 관한 신비감을 더욱 부채질하고 호기심을 더 키우게 된다.)

만약 가족 모임에서 삼촌이 욕하는 것을 듣게 된다면, 우리 아이들은 자기 부모가 기겁하는 모습을 보게 될 것인지, 아니면 그와는 반대로 부모가 공격을 받아도 끝까지 되받아치지 않고 참아내는 것을 볼 수 있을지 한번 자문해 보라. 만약 우리 아이들이 서점이나 도서관에 진열된 잡지 표지에서 옷을 단정하지 않게 입은 여성의 모습을 우연히 보게 된다면, 우리는 자제력을 잃고 아이들에게 설교하는지, 아니면 주님 안에서 위에 있는 권위자들을 향해 회개 없는 불평만 늘어놓고 있는 건 아닌지 돌아보자.

특정한 쟁점에 관해 드러내는 우리 감정의 강도는

무엇이 아이들에게 가장 커다란 영향을 미치는지를 결정하게 된다. 실제로, 나는 우리 아이들이 부모의 말이 아니라 부모가 가장 크게 '스트레스를 받는' 것을 통해 가장 중요한 게 무엇인지를 배우게 되었다는 소리를 들었다.

그렇다. 우리 아이들의 도덕적인 순수성을 소중히 여기고 보호하는 것은 옳은 일이며, 자녀들에게서 그런 순결함을 빼앗아 가는 사람이나 대상을 향해 부모가 강하게 분노하는 것도 자연스러운 일이다. 그러나 우리가 아주 사소한 문제가 생길 때마다 일일이 분노를 터뜨릴 만큼 그것을 중대한 위협으로 여긴다면, 우리 아이들에게 기독교를 너무 부정적인 방식으로 규정해주고 있을 가능성이 매우 크다.

지나칠 정도로 과잉 보호된 수많은 아이가 점차 자라서 부모가 지켜주려고 했던 것들을 오히려 몰아내는 모습을 지켜보면서, 한편으로는 그다지 많이 보호되지 않은 아이들이 자라가면서 훨씬 더 강하게 살아가는 모습을 지켜보면서, 나는 어느 고지를 향해 진격하면서 목숨을 걸어야 할지를 훨씬 더 조심스럽게 선별하고 있다. 이제는 어떤 전투를 벌여야 할지 훨씬 더 주의를 기울이게 된다. 그리고 풍성한 열매를 맺는 자녀양육은 단지 우리 아이들을 무작정 보호하기보다는 오히려 꼭 필요한 자양분을 더 많이 공급하는 것이라는 결론에 도달하게 되었다.

2. 보호를 넘어 세상 속으로

우리 자녀들을 보호하는 것은 자녀양육에서 매우 중요한 부분이기는 하지만, 만약 부모가 자기들에게 중요한 일차적인 것들에만 집중적으로 초점을 맞춘다면, 우리 아이들은 세상에서 닥쳐오는 온갖 유혹을 적절히 다룰 준비가 되지 못한 채 자라나게 될 것이다.

유아로서 세상에 나갈 경우, 아직 발달단계에 있는

연약한 면역 체계로 반응하게 된다. 모태 속에 머물러 있는 동안에는 각종 병균이나 질병과 접촉한 적이 없기에 우리 몸은 점차 그런 것들과 접촉하면서 서서히 면역력을 키워갈 수 있어야 한다. 무균환경에 계속 갇혀서 지내는 아기들은 충분한 저항력을 키워내지 못해, 성장해가면서 각종 세균을 만나게 될 때 훨씬 더 쉽게 질병에 굴복하게 된다.

의학적인 예방접종이 효과가 있는 까닭은 하나님께서 우리 몸에 질병에 맞설 수 있는 항체를 키우는 능력을 설계해 놓으셨기 때문이다. 각종 질병과 격리된 아이는 부모에게 굉장히 건강한 것처럼 보일 수도 있지만, 인체의 건강이란 오직 외부의 공격을 어떻게 이겨내느냐로 증명된다. 약한 체질은 온갖 병균과 바이러스에 굴복당하기 쉽지만, 강한 체질은 거기에 맞서 싸워 이겨낸다. 우리의 영적이고 도덕적인 건강도 그와 같은 방식으로 길러지고 증명되게 마련이다.

만약 우리가 성인기에 이를 때까지 아이들을 세상에

서 고립시켜 놓는다면, 아마도 그 아이들이 영적으로 순결한 심령을 소유하고 성품에서 강한 것처럼 보일지도 모른다. 그러나 우리 아이들의 영적인 탄력성과 건강함을 증명하는 것은 궁극적으로 그 아이들이 세상과 어떤 관계를 맺느냐로 결정된다. 이는 우리 아이들을 보호한다고 해서 인간의 마음을 변화시킬 수 있는 게 아니라 단지 그것은 일시적으로 아이들의 마음을 지켜줄 뿐이다. 보호하는 것은 단지 불 속에서 타기 쉬운 물건을 일시적으로 끄집어내는 것에 지나지 않는다.

코치가 보기에 실제로 시합을 치를 준비가 되었다고 생각될 때까지, 어떤 권투선수가 실제 상대와 붙어보지 않고서 계속 훈련에만 매진하는 것은 사실이다. 또한 어떤 식물이 충분히 자라서 자연적인 환경으로 이식해 그 속에서 다양한 요소들과 맞부딪쳐도 괜찮을 때까지 농부가 그 식물을 온실에서 키우는 것도 사실이다.

그래서 어린 시절에 자녀들이 성품과 영적인 지혜에

서 별다른 방해 없이 자라날 필요가 있을 때, 우리도 역시 그렇게 자기 아이들을 해로운 영향력으로부터 차단하게 된다. 문제는 세상에 뛰어들 수 있을 정도로 충분히 준비시키지도 않은 채로 무작정 보호하기만 하는 것은 그 아이들을 제대로 구비시키는 게 아니라는 점이다. 실제로 그런 접근 방식은 아이들이 혼자서 처음으로 세상과 마주쳤을 때 반드시 넘어질 수밖에 없도록 키우는 것이나 다름없다. 각종 유혹과 격리된 채로 자라는 것이 영적으로 강한 것처럼 보이게 할 수도 있지만, 겉으로 드러나는 모습이 그 아이의 실체라고 보기는 힘들다.

1974년 대학생이었을 때, 나는 어떤 기독교 공동체에서 여름을 지내기 위해 북 캘리포니아로 잠시 이사했다. 거기서 어느 정도 세상과 격리된 채로 '예수쟁이' 친구들로 구성된 놀라운 지원그룹에 둘러싸여 있었다. 그런 까닭에 그해 여름 동안에는 너무나 믿음으로 충만해진 것처럼 느껴졌고 거룩한 삶에 헌신했다고 여겼으며, 하나님과 너무나 깊은 사랑에 빠져 있다고 생각하게 되었다. 그러나 내가 느낀 '영성'과 내가 도달한 '거룩함'의 수준은 너무나 현실적이지 못했고 무슨 시험을 쉽사리 이겨낼 수 없는 것이었다.

그해 여름이 다 지나갈 무렵, 내가 다니던 남 캘리포니아에 있는 대학으로 돌아오자 내 안에 진정한 영적인 근육을 기르지 못했다는 사실을 절실히 느끼게 되었다. 유혹을 만날 때마다 내가 완전히 그 앞에서 고꾸라지는 것을 느꼈기 때문이다.

완전히 단절된 공동체적인 환경은 세상에서 부딪치는 전투와 유혹에 대해 나를 전혀 준비시켜 주지 못했다. 실제적인 영적 성장을 위해서는 유혹에 직접 맞부딪쳐서 거기에 저항할 힘을 키워야 하는데, 결국 나는 그렇게 직접 부딪칠 수밖에 없었다. 유혹으로부터 나를 단절시키는 것은 마치 운동복을 그럴듯하게 차려입고 혼자서 열정적으로 연습에 임해 훈련하긴 했지만, 실제 맞수는 말할 것도 없고 한 번도 제대로 된 연습 상대를 만난 적이 없는 권투선수처럼 자신을 내버려 두는 것이다.

수많은 진실한 그리스도인들도 역시 그런 식으로 수련회나 교회 캠프에서 돌아온다. 며칠 동안 세상과 단절된 채로 주변에는 온통 그리스도인들과 나누는 교제로 둘러싸여 하나님의 말씀에 푹 빠져들게 된다. 그리하여 영성이 충만해진 것처럼 느끼면서 집으로 돌아온다. 그러나 돌아온 지 며칠 지나지 않아 '한없이 충만하던 기운'은 점차 사라져버리게 된다는 사실을 깨닫는다.

그와 마찬가지로, 과잉 보호된 우리 아이들이 도달한 영성은 단지 영적인 뭉게구름에 지나지 않을지도 모른다. 만약 세상에서 형통하도록 자녀들을 준비시키고 싶다면, 우리는 아이들을 세상으로 데리고 나가야 하며 세상과 부딪치면서 관계하는 법을 가르쳐주어야 한다. 그와 같은 준비를 위해 여기에서 몇 가지 방법을 추천하는 바이다.

(1) 보호를 넘어 하나님, 하나님의 말씀, 하나님 나라를 가르치라

자녀에게 하나님과 하나님 나라에서 사는 법을 가르치는 데에 시간을 들이도록 하라. 무작정 자녀들을 보호하느라 주의를 기울이기는 하지만 실제로 믿음 안에서 아이들을 교훈하는 일에 거의 시간을 투자하지 않는 아빠들을 향해 특히 이를 강조하고 싶다.

너무나 많은 아빠가 아주 성급하게 텔레비전과 온갖 청소년활동을 금지하기는 하지만, 가만히 아이들과 함께 둘러앉아서 자녀들이 하나님의 말씀에 친숙해지도록 하고, 어떻게 그 말씀이 하나님을 똑바로 바라볼 수 있게 하는지 알려주기 위한 시간은 도무지 갖지 않는다.

세상과 부딪치도록 우리 아이들을 준비시키기 위해서는 단지 타락할 만한 것들을 몰아내는 조치 이상의 노력을 기울여야 한다. 다시 말해, 부모가 아이들을 진리의 말씀으로 인도하여 하나님께 가까이 나아가도록 해야 한다. 불가항력적인 하나님을 스스로 발견한 아이들이라야 하나님에 대한 믿음을 잃지 않을 것이다.

이 시점에서 강조하고 싶은 것은, 참된 기독교는 단순히 받아들이거나 언제든 내다 버릴 수 있는 종교적인 신념 체계가 아니라는 점이다. 기독교는 각 개인과 하나님 사이의 관계이다. 그러므로 그리스도인은 마치 융단폭격을 당하듯이 잔뜩 세뇌당한다고 해서 강해지지 않는다. 우리 믿음은 하나님의 말씀 안에서 그분을 발견할 때 강해지며, 언제나 하나님과 동행할 때라야 비로소 하나님께서 신뢰할 만한 분임을 발견하게 된다. 만약 자녀들이 하나님께 신실하게 남아 있기를 원한다면, 부모는 자녀를 단지 어떤 '신앙체계'가 아닌 인격적인 하나님께로 인도하기 위해 할 수 있는 모든 것을 다해야 한다.

우리는 성경의 교훈이 그 자체로 '자녀양육 공식'의 어떤 마술적인 구성요소가 아님을 명심해야 한다. 수많은 홈스쿨 탕자는 성경 안에서 엄격하게 훈련받았다. 그러나 우리의 최선은, 자녀에게 신실하게 성경 말씀을 활용하여 주님 그분만 드러내는 것이다. 요한복음 5장 39절에 등장하는 예수님의 말씀을 기억하기를 바란다.

"너희가 성경을 연구하는 것은 영원한 생명이 그 안에 있다고 생각하기 때문이다. 성경은 나에 대하여 증언하고 있다."

우리를 단단히 떠받치는 것은 기독교를 믿는 믿음이 아니라 그리스도를 믿는 믿음이다.

(2) 보호를 넘어 순전한 믿음을 전수하라

믿음은 스스로 붙잡는 것이지 억지로 가르치는 게 아니라고들 말하는데, 나도 어느 정도 거기에 동의한다. 이번 장의 초반부에서 지적했던 것처럼, 공립학교에서 자라났지만 십 대 시절을 거치면서도 그리스도와 순수하고 친밀하게 동행할 뿐만 아니라 부모와도 여전히 가까운 관계를 유지하는 결혼한 젊은이들을 많이 목격했다. 그 부모들이 이들에게 베푼 것은 과잉보호라는 선물이 아니라 그리스도를 믿는 순전한 믿음이라는 선물이었다.

홈스쿨 부모도 자녀들에게 그와 같은 선물을 전해주어야 한다(딤전 1:5, 딤후 1:5). 문제는 부모가 자신에게 없는 것을 베풀 수는 없다는 점이다. 만약 부모가 아이들에게 그리스도를 믿는 영속적이고 신실한 믿음을 전수하고 싶다면, 부모 자신이 먼저 그런 믿음을 소유하고 있어야 한다.

우리 아이들이 부모에게서 보는 믿음은 도대체 어떤 것인가? 지금까지 내가 첫 여섯 장에서 보여주려고 애쓴 것처럼, 우리 신앙의 순수성은 자녀양육에서 잦은 실수를 저지르면서 점차 품위가 떨어지게 된다. 바로 그 여섯 가지 요점을 여기에서 다시 요약해보도록 하겠다.

1. 만약 우리가 자녀에게 갖는 꿈이 사실상 우리 자신에 관한

것이라면, 그 아이들은 우리를 성공시키기 위한 각종 시도에 과도한 부담을 느끼지 않겠는가? 다시 말해, 우리 아이들이 부모에게서 보는 믿음은 자기중심적인 믿음이 아닌가? (제1장 자기중심적인 부모의 꿈)

2. 만약 우리가 자녀를 마치 남의 눈을 의식한 트로피처럼 여긴다면, 그 아이들은 우리 가정을 대외적으로 잘 보이게 하려고 애쓰는 부모의 마음을 쉽게 알아채지 않겠는가? 다시 말해, 우리 믿음의 단순성이 지나친 자긍심으로 인해 오히려 오염된 것은 아닌가? (제2장 우상으로 변한 가정)

3. 만약 우리가 자녀에게 겉모양만을 강조해 왔다면, 아이들은 거룩함이란 것을 겉으로 드러나는 모양새와 동일시하는 오류에 빠지지 않겠는가? 다시 말해, 그리스도와의 관계 안에서 누리는 은혜가 점차 외적인 것들과 관련한 바리새인의 관점으로 서서히 뒤바뀌고 있지 않은가? (제3장 겉모양만 지나치게 강조하기)

4. 만약 우리가 다른 사람을 판단하는 말을 아이들이 듣게 된다면, 그 아이들은 부모에게서 자기 의(義)를 배우거나 혹은 판단을 두려워하는 마음을 배우지 않겠는가? 다시 말해, 그 아이들이 부모에게서 얄팍하고 교만한 믿음을 보고 있을 가능성이 크지 않은가? (제4장 쉽게 다른 사람들을 판단하는 마음)

5. 만약 우리 가정이 주로 위협과 두려움으로 통제된다면, 우리 아이들은 자기 자신을 하찮은 비인간적 존재라고 느끼지 않겠는가? 다시 말해, 우리는 주님께로 이끌 필요가 있는 십 대 자녀들과 맺어야 할 올바른 관계를 망치고 있지는 않은가? (제5장 권위와 통제에 지나치게 의존하는 경향)

6. 만약 우리가 자녀양육 '공식'으로 아이들을 과잉보호하고 있다면, 우리 아이들이 기독교란 대체로 나쁜 것들을 피하기만 하는 도피적인 종교라고 믿게 할 가능성이 크지 않은가? 다시 말해, 비록 우리 주님께서 당신의 백성에게 자기 의로 가

득한 종교 지도자들을 제외하고는 그 어떤 것으로부터도 자기 자신을 보호하라고 말씀하신 적이 없었는데도, 우리가 주님에 대한 부정확한 (그래서 그다지 매력적이지 않은) 그림을 제시하고 있지는 않은가? (제6장 과잉보호)

사도 바울은 갈라디아 교회 사람들의 믿음을 걱정하고 있다고 말했다. 갈라디아 사람들은 그리스도를 믿는 소박한 믿음으로 시작했지만, 하나님께 받아들여지기 위해 인간적인 노력으로 열심히 애쓰다 보니 그와 같은 믿음이 서서히 오염되기 시작했다.

"여러분은 그렇게도 어리석습니까? 여러분이 성령으로 시작했다가 이제는 여러분 자신의 노력으로 완전해지려고 하십니까?"(갈 3:3, 현대인의 성경).

그와 같은 방식으로 우리도 역시 여러 해 전에는 단순하고 더럽혀지지 않은 믿음으로 시작했지만, 점차 아주 강한 의도를 품은 자녀양육 방식에 휘둘려 온갖 '행위'를 자녀들에게 몰아치듯 강요하다 보니 오히려 우리 아이들에게 흘러가야 할 단순한 믿음에서 더 멀어지게 되었다.

그리스도 안에서 생명을 주는 믿음에 어떤 종교적 장식을 덧붙이지 않고 오직 순수하게 그 믿음만을 누리는 것은, 자녀들에게는 말할 것도 없이 우리 자신을 위해서도 매우 중요한 일이다. 단 몇 단락으로 이 개념을 충분히 설명할 수 있다고 생각하지 않기 때문에, 머지않아 다른 소책자를 통해 그것을 상세하게 다룰 예정이다.

(3) 보호를 넘어 세상으로 내보내라

조금씩 조금씩 아이들을 세상에 노출해라. 그리하여 우리 아이들이 마침내 세상과 본격적으로 부딪치게 될 때, 감히 상상조차 하기 힘든 엄청난 힘으로 잡아당기는 세상에 압도당하지 않도록 하라. 무균환경에서 자란 아기들이 훨씬 더 쉽게 질병에 걸리는 것처럼, 전혀 세상과 부딪쳐본 적이 없는 그리스도인들도 마찬가지다.

소련 연방에서 철의 장막이 무너지고 나서 우리 교회는 러시아와 우크라이나에서 온 이주민을 돕는 사역을 시작했다. 여러 해에 걸쳐 아내와 나는 많은 이주민 가정을 알게 되었는데, 공산주의 아래서 아이들을 양육하는 것이 어떤 모습인지를 소상히 알고는 깜짝 놀랄 수밖에 없었다.

과거 소련 연방에서는 홈스쿨링과 사립 기독교 학교는 모두 불법이라 부모들은 어쩔 수 없이 아이들을 공산주의 학교에 보내야 했는데, 거기에서 교사들이 세워놓은 목표 중에는 학생들에게 강제로 무신론을 주입하는 것이 있었다. 우리가 들은 간증에 따르면, 그 때문에 부모들은 가정에서 아이들을 따로 훈련했는데, 전형적으로 그런 가정에서 자란 아이들의 신앙은 손상되지 않고 그대로 남아 있었다.

그러나 우리가 지켜본 결과, 이와 같은 아이들도 미국에 머문 지 1년 이내에 도덕적으로 타락하기 시작했다. 그 아이들은 마치 무균상태로 보호된 아기와 같았다. 소련 연방에서는 미국에서 부딪치게 되는 그런 차원의 도덕적인 타락을 경험해 본 적이 전혀 없었다. 그 아이들은 유혹에 대한 저항력을 키우지 못한 상태에서 학교의 미국적 오락문화, 상스러운 놀이 상대 '관용'이라는 가치 따위를 적절히 다루고 받아들일 만큼 도덕적으로 준비되어 있지 못했다.

소련 부모들은 무신론의 압력을 잘 견디도록 아이들을 준비시키기는 했지만, 그 아이들에게 도덕적인 압력을 제대로 이겨내도록 훈련할 기회는 턱없이 부족했다. 그 아이들은 미국에서 새롭게 누리는 자유에 흥분했지만, 미국 사람들이 자유를 표출하는 방식에 스트레스를 받기도 했다.

우리 아들이 8살이었을 때 이야기다. 아들은 우리가 월마트에 쇼핑하러 갈 때 자기를 데리고 가는 이유를 물었다. 그 아이는 마트 주변에 온통 걸려있는 여성들의 속옷 광고를 어쩔 수 없이 쳐다보아야 해서 상당히 곤란했던 모양이다. 나는 그 아이의 중압감을 인식하고서 그 모델들을 위하여 기도하라고 격려했다. 그 사람들이 단정함을 소중하게 여기고 그리스도를 믿게 되도록 말이다. 그가 이런 마트에 걸려있는 광고보다 훨씬 더 힘든 시험에 직면해야 한다는 사실을 알고 있었으므로 나는 우리 아들이 이렇게 가끔 세상에 노출되는 상황을 겪으면서 그런 이미지에 둔감해질 수 있도록 도와주기를 원했으며, 자신을 유혹하는 사람들에게 신중하고도 건강하게 기도하는 모습으로 반응하는 태도를 키워나가기를 원했다.

미국처럼 음란한 옷차림으로 가득한 사회에서, 결국 둔감해지고 냉담해지는 태도에 도달할 수도 있겠지만, 우리 아이들에게 가장 절실히 필요한 태도는 자기를 유혹하는 사람들에게 연민의 마음을 갖는 것이다. 정욕의 뿌리는 자기중심적인 마음이므로 우리 아이들이 점점 더 이타적이고 사랑 넘치는 사람이 될수록 그 아이들은 정욕의 영향을 점점 더 적게 받게 될 것이다. 그런 까닭에, 나는 다른 사람들을 사랑하는 이타적인 아이들을 양육하는 데 초점을 맞추도록 부모들을 격려하는 바이다.

우리를 유혹하는 사람들을 위해 기도하는 것은 두 가지 목적을 달성할 수 있다는 사실을 발견했다. 곧, 그 대상은 우리의 기도를 받게 되고, 우리는 그 사람들을 하나님의 눈으로 바라보게 된다는 것이다. 하나님의 관점으로 다른 사람들을 바라보는 자들은 잃어버린 영혼을 향해 연민을 가질 수밖에 없을 것이다.

(사랑 넘치는 아이들로 양육하는 데 도움을 받고 싶은가? 고린도전서 13장에 나오는 '사랑의 능력'에 관해 연구해보기를 권한다.)

(4) 수비수가 아니라 공격수로 키우라

수비수가 아니라 공격수로 아이들을 세상으로 내보내라. 수많은 부모가 자녀들을 홈스쿨로 키우겠다고 결정하는 주요 원인은 교실 환경에서 이루어지는 부정적인 사회화를 우려하기 때문이다. 그런 부모들은 언제, 어떻게 우리 아이들을 외부 영향력에 노출할 것인지 일일이 통제하기를 원한다. 그 아이들이 세상과 부딪칠 때, 홈스쿨 부모들은 안내자로서 늘 그 자리에 함께 머물기를 원한다. 물론 이와 같은 관점을 이해하지 못하는 것은 아니지만, 그런 관점은 매우 부적절하다. 나 역시 우리 아이들이 세상과 접촉할 때 그 자리에 함께 있고 싶기는 하지만, 단지 그 아이들이 세상에서 살아남도록 그러는 것은 아니다.

생존이란 자기 보호본능과 관련되어 있으며, 다른 사람이 아니라 자기 자신에게 관심을 나타내는 것이다. 훌륭한 선장처럼 나도 우리 아이들과 함께 머물면서 전투 시에 공격적으로 그 아이들을 이끌어가고 싶다. 부모와 우리 아이들은 하나님 나라에서 용사들이며, 우리는 하나님 나라를 확장하려는 목적으로 우리 아이들을 세상으로 내보내야 한다.

예수님께서 처음 제자들을 부르셨을 때 이와 같은 본

보기를 보여주셨다.

"나를 따라오너라. 내가 너희를 사람 낚는 어부가 되게 하리라."

주님을 따르라고 해서 같은 생각을 품은 신자들끼리 멀리 떨어진 곳에 있는 수도원이나 공동체로 들어가 주님과 함께 숨으라는 것이 아니다. 오히려 주님을 따르는 것은 잃어버린 영혼들을 찾아 구하기 위하여 주님과 함께 세상으로 들어가는 것을 의미한다(눅 19:10).

주님의 목표는 구조임무를 띠고 위험지역으로 제자들을 파송하는 것이었기 때문에, 주님께서는 하나님 아버지에게 이렇게 선포하셨다.

"내가 아버지께 비는 것은, 그들을 세상에서 데려가시는 것이 아니라 악한 자에게서 그들을 지켜주시는 것입니다"(요 17:15, 새번역).

예수님과 마찬가지로, 우리도 역시 잃어버린 영혼들을 찾아 구해야 한다는 관점을 가지고 우리 아이들을 세상 속으로 데리고 가야 한다. 우리가 그렇게 하는 동안 우리를 안전하게 지켜달라고 간구하는 예수님의 기도는 지금까지도 여전히 계속되고 있다.

우리 아들이 12살 때 4년 동안 해마다 봄철이 되면 유소년 야구 리그에 참여해 왔으며, 나는 보조 코치로 동행해 우리 아들을 도와주었다. 때때로 우리 아들이 야구 리그에 참여하는 것에 관해 주변에서 이야기가 나오기도 했는데, 어떤 근심 어린 홈스쿨 부모는 나에게 다가와 불신자들과 접촉하는 것에 내포된 위험성에 관해 공격적인 질문을 던지기도 했다. 주변 사람들은 우리 아들이 나쁜 말, 상스러운 농담, 그리고 좋지 못한 태도 따위를 배울 수 있다고 상기시켜 주었다. 심지어 남자아이들이 우리 아들에게 욕설을 퍼부을지도 모른다는 것이었다. 그러면 나는 그 부모들에게 그게 바로 정확히 내가 기대하고 있는 것들이라고 말해주었다.

나는 불친절한 사람들이 우리 아들을 함부로 대했을 때, 그 아들이 올바로 반응하는 법을 배우기 원하며(눅 6:27-28), 그런 일이 벌어질 때 우리 아들과 함께 있기를 원한다. 다른 사람들이 우리 아들에게 함부로 말을 할 때도 그걸 얼마든지 이겨낼 수 있다는 사실을 우리 아들이 알기 원하지만 그보다 더 중요한 것은 내가 일일이 그 과정을 지켜보면서 우리 아들을 코치할 수 있기를 바란다.

특히 내가 그 자리에 우리 아들과 함께 있기를 원하는 이유는 두려움이 아니라 연민의 눈으로 세상을 바라보도록 우리 아들을 도와줄 수 있기 때문이다. 세상에서 단지 생존하는 것이 아니라 형통하기를 원하는 홈스쿨 가정들은 세상에 대한 '하나님 나라' 관점을 가지고 있으므로 그렇게 해야 한다고 믿는다. 홈스쿨 가정들은 잠재적인 하나님 나라의 구성원으로서 세상을 하나님을 보지 못하는 소경들이 사는 곳으로 긍휼히 바라보아야 한다(고후 4:4).

우리의 큰 문제는 우리가 줘야 할 것이 우리에게 없다는 점이다. 부모가 하나님 나라의 관점을 갖고 있지 않으니까 자녀들에게 그것을 줄 수 없는 것이다. 홈스쿨 가정에 흔히 나타나는 과잉보호는 내부 지향적인 가정을 만든다. 우리에게 위협적인 모든 것을 차단하는 데 너무 익숙해져 있는 우리는 세상만 아니라 대다수 그리스도인과도 단절하고 산다.

우리를 향한 하나님의 목표는, 우리가 단지 자기 아이들을 아주 가정 중심적인 사람으로 키워서, 가정 중심적인 다른 아이들을 만나고 그들과 결혼해서 더 가정 중심적인 아이들을 키우고, 그 아이들이 자라서 같은 일을 반복하게 하는 것이 아니다. 이런 식으로 생각하는 것은 전적으로 자기중심적이어서 하나님의 사람들을 하나님 나라에 무능한 용사로 만든다. 모든 하나님 나라 용사들을 향한 하나님의 목표는 하나님을 잃어버린 세상 사람들을 찾아가는 것이다. 그것이 우리가 여기 있는 이유다.

우리에게 이처럼 하나님 나라의 관점이 부족할 때, 오히려 복음이 필요한 사람들에게서 도망치게 될 것이다. 예를 들어, 우리가 맥도날드에서 가족들과 함께 점심을 먹고 있다고 가정해 보자. 식사하는 동안 우리 아이들이 레스토랑 안에 있는 쓰레기통을 뒤지면서 음식 찌꺼기를 찾는 여인을 목격하게 되었다고 치자. 그러면 우리는 과연 어떻게 반응하겠는가? 그 여인의 차림새가 우리 기준으로 단정치 못하다고 생각해서 우리 아이들의 관심을 다른 데로 돌린다거나 재빨리 아이들을 불러 모아서 곧바로 그 자리를 떠나겠는가? 아니면 우리 아이들을 가르칠 기회로 그 여인의 곤궁한 처지를 활용하면서, 그 여인이 너무나 게을러서 아무 일도 하지 않는 것처럼 보인다는 이유로 그 여인에게 별다른 도움을 줄 수 없다고 설명하겠는가? 아니면 그 여인에게 약간의 점심을 사주면서 우리 식탁에 함께 하도록 그 여인을 기꺼이 초대하겠는가?

우리가 잃어버린 영혼을 향해 어떻게 반응하는가를 직접 목격하는 것은 우리 아이들에게 온갖 책과 이야기를 읽어주는 것보다 훨씬 더 많은 영향을 미치게 될 것이다. 내가 영적으로 '하나님 나라의 관점'을 여러분에게 일일이 심어줄 수는 없지만, 하나님께서는 얼마든지 그렇게 하실 수 있다. 그러므로 나는 모든 독자의 마음의 눈을 열어 주시도록, 그리하여 하나님 나라의 눈으로 세상을 바라볼 수 있도록 하나님께 간구하기를 권고하는 바이다.

(5) 자녀들과 사랑의 관계를 구축하라

당신이 자녀의 삶에 관해 조언할 수 있고 가치관에 영향을 끼칠 수 있도록 자녀들과 깊은 사랑의 관계를 세워가도록 하라. 나중에 다른 소책자에서 상세하게 이 주제를 다룰 것이다. 그러므로 지금은 자녀들과 깊은 사랑의 관계를 세워나가는 것이 나 자신과 수많은 홈스쿨 가정 사이에서 발견했던 필요 가운데 매우 중요한 영역이라는 정도로만 말해 두겠다.

'통제 중심'의 가정에서는 부모와 십 대 사이의 관계는 흔히 최악이라는 사실을 목격해 왔다. 우리가 십 대 자녀들의 마음에 영향을 끼치기 위해서는 특히 그 아이들이 세상과 서서히 관계를 맺어가고 있을 때, 아이들과 부모 사이를 맺어주는 사랑의 관계가 반드시 강하고 끈끈해야 한다.

성경에서는 사람들이 두 가지 이유, 곧 경외감과 사랑으로 하나님께 순종했다는 사실을 발견하게 된다. 다윗 왕은 하나님을 향한 사랑을 노래했으며(시 18:1, 116:, 119:159), 또한 하나님을 향한 경외감을 노래하기도 했다(시 2:11, 22:25, 33:8).

하나님께서는 주를 따르는 사람들을 사랑으로 이끌기를 원하셨으며(렘 31:3), 바로 그런 까닭에 그의 인자하심으로 우리를 인도하여 회개하게 하시는 것이다(롬 2:4). 그러나 사랑의 하나님께서는 우리가 그의 권위를 경외하며 주의 길을 계속해서 걸어가기 원하신다(눅 12:5, 벧전 2:17). 그게 바로 하나님께서 이스라엘 백성들에게 경외감과 사랑을 둘 다 원한다고 말씀하신 이유다.

"이스라엘아 네 하나님 여호와께서 네게 요구하시

는 것이 무엇이냐 곧 네 하나님 여호와를 경외하여 그의 모든 도를 행하고 그를 사랑하며 마음을 다하고 뜻을 다하여 네 하나님 여호와를 섬기고 내가 오늘 네 행복을 위하여 네게 명하는 여호와의 명령과 규례를 지킬 것이 아니냐"(신 10:12-13).

그것은 우리 자녀들에 대해서도 똑같아야 한다. 만약 우리 아이들이 오로지 결과를 두려워하는 것만으로 동기를 삼으면서 자라난다면, 그 아이들은 결국 우리 부모가 함께 있지 않을 때면 언제든지 가능한 한 자기 멋대로 하려고 할 것이다(엡 6:6). 만약 우리가 아이들의 마음을 얻는다면, 우리 아이들은 부모가 함께 있든 없든 상관없이 부모를 존중하려고 애쓸 것이며, 우리 아이들의 마음은 여전히 부모의 영향력에 열려 있게 될 것이다.

나는 여러분에게 지도력에 관해 이와 같은 접근 방식을 완벽한 본보기로 보여주었던 사도 바울을 소개하기를 원한다.

"그러므로 그리스도 안에서 나는 그대가 마땅히 해야 할 일을 아주 담대하게 명령할 수도 있지만, 우리 사이의 사랑 때문에, 오히려 그대에게 간청하려고 합니다…"(몬 1:8-9상, 새번역).

교회들을 향한 바울의 간청 형식은 사랑에 호소하는 것이 명령과 위협보다 훨씬 더 강력하다는 사실을 시사해 준다. 사도로서 바울은 개인적으로 수없이 많은 명령을 내릴 수도 있었지만, 교회들을 향한 자신의 편지에서 오히려 교회들에 각각 다른 곳에서 25차례씩이나 옳을 일을 하라고 간청하는 반면, 단 두 번만 교회들을 향하여 개인적으로 명령했다(살후 3:6, 12).

강하게 아이들을 보호하는 부모들 대부분은 당연히 아이들의 마음을 얻고 있다고 잘못 생각하고 있기에 자녀들과 더 나은 관계를 키워나가려고 별로 애쓰지 않는다. 아내와 나 역시 그런 부모였다. 우리는 아이들과 너무나 많은 애정을 공유하고 있었기 때문에 아이들의 마음을 얻고 있다는 사실을 추호도 의심하지 않았다. 그러나 우리는 아이들에게 지시할 때 우리를 향한 아이들의 사랑에 호소한 것이 아니라 우리 권위에 대한 아이들의 두려움에 호소한 것이었다. 이것은 우리 아이 중에서 위의 세 녀석이 바깥세상의 영향력에 기대 이상으로 훨씬 더 취약할 수 있다는 것을 의미했다.

강하게 보호받은 아이들이 사춘기로 자라나서 가정마다 기준이 다르다는 사실을 인식하게 되었을 경우, 어떤 아이들은 다른 가정의 기준에 더 커다란 매력을 느끼게 된다. 그런 아이들은 왜 우리가 자기들에게 입지 말라고 금지하는 옷을 다른 그리스도인들은 입어도 되는지를 이해하지 못한다. 그 아이들은 다른 많은 친구가 얼마든지 볼 수 있다고 허용된 영화를 유독 우리 집에서는 허락하지 않는 이유를 이해할 수 없을지도 모른다.

만약 아이들과 부모의 관계가 끈끈하고 사랑에 기초해 있다면, 그 아이들은 부모의 기준을 존중하고 부모의 사고방식을 이해하려고 노력할 것이다. 그러나 아이들의 마음과 부모 사이의 유대 관계가 약하다면 그 아이들은 부모의 사고방식을 그다지 신경 쓰지 않으면서 오히려 친구들에게서 친밀한 관계와 자기 정체성을 더 많이 찾으려고 할 것이다.

(6) 부모와의 관계 속에서 안정감을 찾게 하라

우리 아이들이 부모와 맺은 관계 안에서 안정감을 찾도록 도와주어라. 우리 큰아들이 거의 16살에 이르렀을 때, 우리는 기독교인 친구가 운영하는 레스토랑에서 설거지하는 일을 처음으로 하게 했다. 우리는 완고한 보호주의자로서 그 아이가 과연 세상의 노동시장에 진입할 준비가 되었는지를 가지고 씨름하고 있었다. 물론 우리가 그를 영원히 보호할 수는 없다는 것을 너무나 잘 알고 있었다. 그래서 마침내 일주일에 이틀 정도는 저녁 시간대의 세상에서 일하도록 내보내도 충분한 나이라고 결론 내렸다.

그 당시에 우리가 미처 파악하지 못했던 부분은 그 아이가 약물 복용자, 문신한 사람들, 파티를 즐기는 사람들과 함께 일하게 될 것이라는 점이었다. 다행히 우리 기독교인 친구는 아들이 이 사람들과 같은 시간대에 일하지 않도록 스케줄을 조정했다.

　하지만 한 달도 못되어 아들의 새로운 직장 동료들이 아들에게 나름대로 영향을 끼치고 있다는 사실을 분명히 알 수 있었다. 아니나 다를까 우리 아들이 어느 날 저녁에 집으로 돌아오더니 이렇게 물었다.

　"아빠, 제 머리를 파란색으로 염색해도 괜찮겠어요?"

　아내가 나를 진정시킨 후에야 나는 아들을 나무라면서 자신이 누구의 아들인지를 상기시켰다. 그리고 이제 우리 교회 성도들이 자기 자녀에게 목사님 아들처럼 되지 말라고 교육할지도 모르겠다고 말했다. 아들은 물에 씻겨 없어지는 가용성 염색을 한다고 했지만 그런다고 달라질 것이 없다고 말했다. (내가 보인 강한 부정적인 반응은 주로 '외적인 모양새'와 나에게 끼칠 영향에 관련되어 있었음을 주목하기를 바란다.)

물론 아내와 나는 즉각적으로 그 아이에게 일자리를 마련해준 것이 혹시 실수를 저지른 게 아닌지 심각하게 따져보기 시작했다. 결국 집중적인 토론을 거친 뒤, 우리는 좀 더 세심하게 아이를 코치하면서 그 일자리를 계속 유지하도록 하는 쪽으로 결정했다.

두 달 뒤, 아들은 일을 마치고 집으로 돌아와 귀를 뚫어도 되냐고 나에게 물었다. 다시 한번 아내는 나를 진정시켜야 했다. 아들은 단지 십자가 귀걸이를 달고 싶었기 때문에 그 정도는 괜찮을 거로 생각했다. 또한 그건 '거룩한' 동기이니 오히려 내가 좋아할 거로 생각했다. 그것으로도 충분하지 않았는지, 한술 더 떠서 심지어 문신까지도 하고 싶어 했다! 그게 기독교적인 문신이었기 때문에 그래도 괜찮을 거로 생각했던 모양이다.

두 달 뒤, 아들은 일을 마치고 집에 오더니 귀를 뚫

어도 되냐고 물었다. 다시 한번, 아내는 나를 진정시켜야 했다. 아이는 단지 십자가 귀걸이를 하고 싶었기에 그 정도는 괜찮을 거라고 생각한 것 같았다. '거룩한' 동기니까 오히려 내가 좋아할 거라고 판단한 것이다. 거기서 한술 더 떠 문신까지 하고 싶어 했다. 기독교적인 문신이라면 괜찮겠지 생각했던 모양이다.

두말할 것도 없이 나는 그 순간 완전히 제정신이 아니었다. 지금 내 앞에 서있는 아들이 보여주는 모습보다 나는 아이를 훨씬 더 잘 양육했다고 생각하며 살았다. 아이를 키우다 언젠가는 받아들이기 힘든 머리 모양이나 음악 같은 문제를 다루어야 할 날이 올 수도 있다는 상상을 하기는 했지만, 아이의 가치관이 그토록 급격하고 극심하게 바뀔 수 있을 거라는 생각은 하지 못했던 것이다.

나를 너무나 경악하게 만든 것은 갑작스레 아들이 그런 말도 안 되는 가치관을 가지게 되었다는 사실 때문만이 아니라 아버지인 내가 그러한 자신의 의견에

찬성해줄 수도 있다고 아들이 생각했다는 그 점이었다. 그가 세상에 제대로 대처할 만한 준비가 되어 있지 않았음이 너무나 분명해졌다. 우리 부모에게 굉장히 다행스럽게도 아이는 자진해서 그 일자리를 그만두었다.

몇 년 후 어느 날, 나는 과잉보호에 대한 우리의 접근 방식을 되돌아보면서 가만히 평가해보고 있었다. 우리 아들이 그 일을 시작한 직후에 던진 한마디가 계속해서 내 마음속에 떠올랐다. 둘째 날 저녁에 내가 일을 마친 아들을 태우러 갔을 때, 아들은 얼굴에 가득 미소를 띤 채로 차를 타며 이렇게 말했다.

"저 사람들이 나를 무척 좋아해요!"

그 말을 곰곰이 생각해보니 아들이 마침내 자신을 있는 모습 그대로 좋아해 주는 어떤 사람들을 만났다는 사실이 갑자기 나에게 분명하게 다가왔다. 우리 아들의 전 인생에서 자신을 있는 모습 그대로 받아들여 준 사람들은 거의 만나보지 못했을 것이다. 특히 아이 엄마와 아빠인 나 역시 마찬가지였다. 이건 전혀 과장이 아니다.

아들의 모습을 빚고 향상하기 위한 노력의 방편으로 우리는 그가 하는 일마다 잘못만 찾아냈다. 아이를 끔찍이 사랑했지만 아이가 한 일이 시원치 않다는 잔소리만 늘어놓았다. 아이는 우리에게 인정받기를 몹시도 바랐으나 우리는 그다지 흔쾌히 아들을 인정하지 않았다. 아이가 14살 때 우리를 기쁘게 하려는 노력을 포기해버렸고, 그 이후에는 그저 우리 기분을 맞춰주었다는 사실을 몇 년이 지난 후에야 깨닫게 된 것이다.

우리 아들이 자기 직장 동료들처럼 꾸미고 싶어 했던 것은 그 사람들이 우리 아들을 있는 모습 그대로 받아주었기 때문이다. 아이는 자신을 중요하게 느끼도록 도와준 사람들 사이에 끼어 그 사람들과 조화를 이루고, 자신의 정체성을 제대로 깨닫게 해준 사람들처럼 되고 싶었다.

문제는 더욱 강한 과잉보호로는 이 사태를 해결할 수

없다는 것이었다. 우리 아이를 30살이 될 때까지 보호할 수도 있었지만, 그러면 여전히 취약한 상태에 있을 것이었다. 문제는 우리가 아이의 정체성이 아직도 불안정한 상태에서 세상으로 내보냈다는 데 있었다. 아이는 하나님께서 오직 부모를 통해 채우기를 원하셨던 마음속의 구멍을 그대로 가지고서 험악한 세상으로 나아갔던 것이다.

그때 이후로 나는 우리 아이들이 세상의 압력을 처리하도록 가장 잘 구비시키는 방법은 자기의 정체성에 대한 안정감이라는 사실을 보게 되었다. 신자이든 불신자이든 간에, 군중심리를 따라가려는 유혹을 가장 적게 받는 젊은이들은 자기 자신에 대해 안정감을 느끼면서 다른 사람의 인정을 그다지 많이 요구하지 않는 친구들이다.

성경에서는 이와 같은 불안정감을 인간에 대한 두려움이라고 부른다. 그 불안감은 우리 가치관과 선택에 영향을 미치도록 다른 사람들이 우리에 대해 이러쿵저

러쿵 의견을 제시하도록 그냥 내버려 둔다. 만약 자녀들을 세상에서 우뚝 서도록 준비시키기를 원한다면, 우리는 최소한 자녀들이 부모와 맺는 관계 속에서, 더 중요하게는 하나님과 맺는 관계 속에서 안정감을 발견하도록 도와주어야 한다.

부모들이 보호와 차단에 지나치게 의존하는 일차적인 이유는 그것이 자녀양육에서 가장 손쉽게 할 수 있는 방편이기 때문이라고 생각한다. 거기에는 어떤 계획이나 준비, 노력도 필요 없고 최소한의 순간적 지능만 있으면 된다. 단순히 어떤 것이 해롭다고 평가되면 자녀들에게 "안 돼!"라고만 하면 되기 때문이다. 이것은 별다른 노력을 기울이지 않아도 되지만, 반면 엄청난 영향력을 약속하기라도 하는 것처럼 보이는 자녀양육의 한 방법이다. 이것을 게으른 양육법이라고 불러도 될지 모르겠지만 아이들을 제대로 양육하려면 아주 큰 노력과 시간을 들여야 한다는 것은 분명히 하고 싶다.

이 주제를 마무리하기 전에, 우리 안에는 바리새인 근성이 있기에 우리는 언제든지 보호와 차단을 과신할 가능성이 있음을 염두에 두어야 한다. 의로운 겉모양을 유지하면서 부정함을 피하는 것은 그리스도 시대의 가장 종교적인 사람들에게도 나타난 특징이었는데, 예수님께서는 이를 용납하지 않으셨다(눅 7:39-47, 15:2, 막 7:15, 마 15:17-20).

그 사람들은 일단 불결해 보이는 어떤 것이든 피하기만 하면 무조건 '거룩해진다'라고 느꼈는데, 그건 우리도 마찬가지다. 우리가 가정을 타락에서부터 멀어지도록 애쓰는 데 집중할수록 우리의 높은 기준에 대해 더 자랑스러워하게 될 것이다. 그래서 우리가 붙잡고 있는 기준을 다른 사람에게 자랑하거나 공유하는 기회를 놓치지 않고 이용할 수 있다.

교만은 교만 그 자체를 올바로 바라볼 수 없도록 우리 눈을 가리기 때문에 위험한 죄이다. 교만은 우리 주변의 모든 것을 교만이라는 여과 장치를 통해 보게 만든다. 영적 교만은 우리가 의롭다고 생각하는 것과 연관되어 있어서(눅 8:11-12) 훨씬 더 위험하다. 하나님께서 우리 눈을 열어 주셔서 우리가 이 영역에서 왜 그토록 쉽게 불균형을 나타내게 되는지 찬찬히 깨닫게 하시기를 바란다.

"너희가 세상의 초등학문에서 그리스도와 함께 죽었거든 어찌하여 세상에 사는 것과 같이 규례에 순종하느냐 곧 붙잡지도 말고 맛보지도 말고 만지지도 말라 하는 것이니 이 모든 것은 한때 쓰이고는 없어지리라 사람의 명령과 가르침을 따르느냐 이런 것들은 자의적 숭배와 겸손과 몸을 괴롭게 하는 데는 지혜 있는 모양이나 오직 육체 따르는 것을 금하는 데는 조금도 유익이 없느니라" (골 2:20-23).

이번 장에서 다룬 내용을 오해하지 않도록 일부 독자

들이 내 의도를 잘못 해석하지 않도록, 나는 우리 아이들을 보호하는 것을 여전히 강력하게 지지하는 사람임을 강조하고 싶다. 내 목표는 과잉보호에 지나치게 의존하는 문제에 대해 부모들에게 경종을 울리려는 것이다. 만약 이번 장을 마무리하면서 내가 이제 더는 그것을 믿지 않는다는 인상을 받았다면, 처음으로 돌아가서 다시 읽어보기를 권하는 바이다.

홈스쿨 부모가 빠지기 쉬운 일곱가지 맹점

07

방법론에 중점을 두는 정신 자세는

주로 올바른 결과를 낳기 위하여

올바른 일을 행하는 것에 관심을 갖는다.

우리 아이들은

단지 그리스도인답게 행동하기 위하여

부모가 필요한 게 아니라

진정한 그리스도인이 되기 위하여

부모가 필요하다.

07
관계를 망치는
방법론적 자녀양육

　과잉보호에 지나치게 의존하는 것과 더불어 권위와 통제에 지나치게 의존하는 것은 '방법론적인' 자녀양육 접근 방식 가운데 하나다.

　홈스쿨 부모로서 우리는 아이들과 함께 여러 가지 결과에 도달하는 데 헌신 되어 있기에 어떤 식으로든 성공을 확실히 보장해주는 공식과 효과적인 원리들을 찾아다니면서 거기에 지나치게 의존하는 경향을 보이게 된다.

우리가 홈스쿨 컨퍼런스에 참석하고 수많은 책을 열심히 읽는 이유 중 하나는 성공적인 홈스쿨 대가들로부터 여러 가지 '방법론'과 단계들을 배우려는 것이다. 가족과 함께 어떤 결과를 성취하려는 욕망 때문에 온갖 종류의 궁극적인 '가정생활 비결'을 발견해내려고 애쓰게 된다.

어쨌든 성공을 위한 공식은 미국적인 방식이 되어버렸다. 조바심과 편의주의를 사랑하는 모습은 삶을 바라보는 미국식 관점을 특징적으로 드러낸다. 기독교적이든 세속적이든 수백만 부의 자기 치유 서적이 해마다 서점에서 불티나게 팔리고 있는 이유다. 공식formula(公式)이란 단어가 정의하듯이 그것은 어떤 특정한 결과를 만들어내기 위한 신뢰할 만한 과정을 일컫는다.

일상생활에서 우리는 체중 감량을 위한 성공적인 공식, 부자가 되기 위한 가장 빠른 지름길, 참된 사랑을 발견하기 위한 확실한 처방 따위를 원한다. 교회에서 우리는 교회 성장을 위한 검증된 방법, 복음 전도를 위한 보장된 기법, 지도자들을 키우기 위한 가장 효과적인 체계 따위를 원한다. 그리고 우리 아이들에 대해서는 뚜렷한 성과를 나타내는 진정으로 믿을 만한 접근 방식 따위를 원한다.

그 과정이 굳이 신속하거나 단순할 필요는 없지만, 신뢰할 수 있어야 하고 분명히 성경적이어야 한다. 기쁘게도 우리는 성경이 온갖 하나님의 지혜와 약속으로 가득하다는 사실을 잘 알고 있다. 그러므로 우리는 성경에서 효과적인 원리와 약속된 방법들을 찾아내려고 애쓴다.

그렇다. 오늘날 교회 안에 있는 사람들은 누구나 성공을 위한 성경적인 공식을 원하지만 그런 공식을 신뢰하는 데에는 문제가 있다. 우리는 공식이 아닌 하나님을 신뢰해야 하며, 그것은 명령이지 지침이 아니다(요 14:1, 시 37:5, 62:8). 거기에는 엄청난 차이가 있다.

공식을 따르는 관점에 기초한 사람은 이렇게 말한다.

"만약 내가 이 원리를 신실하게 이행하거나 이 절차를 적절히 실행하기면 하면, 분명히 어떤 특정한 결과에 도달하게 될 거야. 그런데 정확하게 그 절차를 따르지 않는다면, 아마 그다지 좋지 않은 결과에 도달하게 되겠지."

이런 관점에서 우리는 단지 그 '방법'만을 신뢰하는 것이 아니라 그것을 수행하는 우리의 노력도 여전히 신뢰하고 있다.

이처럼 어떤 공식을 신뢰하는 것은 실제로 우리 자신을 의지하는 것이다. 우리 마음속에서는 이와 같은 사실을 너무나 잘 알고 있으며, 그게 바로 자기 노력으로 엄청난 결과를 도출해냈다고 생각하는 사람들이 자기의 성인 자녀들을 자랑하고 싶은 유혹을 느끼는 이유다. 그 사람들은 모든 것을 제대로 해내고 있다는 사실에 스스로 만족감을 느끼면서 그렇지 않은 다른 사람들을 무시하며 아래로 내려다보게 된다. 또한 그게 바로 자기의 노력에 만족하지 못하는 사람들이 그토록 커다란 좌절감을 맛보는 이유이기도 하다. 그 사람들은 그릇된 접근 방식을 사용한 게 틀림없다고 결론을 내리면서 자책하게 된다.

나는 너무나 많은 부모에게 자신이 실패한 것처럼 느낀다는 이야기를 들었는데, 그 사람들은 자기들이 무엇을 했고 무엇을 하지 않았는지를 일일이 열거하면서 당황스러워했다. 그들은 텔레비전, 비디오, 비디오 게임, 좋지 않은 음악, 데이트를 일절 금지하고, 심지어 교회학교에도 보내지 않았으며, 이웃 친구도 사귀지 않게 했고, 홈스쿨로 자녀를 키우며 언제나 단정하게 옷을 입히고 보수적으로 몸을 단장하게 했고 성경 구절을 암송시키고 빵을 직접 구워 먹였다.

그들은 하나님을 위해 자녀를 양육하는 일에 강하게 헌신 되어 있었지만, 그들이 신뢰했던 것은 실제로 오직 하나님 한 분만이 아니었다. 그들은 하나님을 위해 스스로 했던 일들에 더 많은 신뢰를 두었다.

나는 또한 자기 아이들이 어떤 모습의 성인으로 자라

났는지에 굉장한 자부심을 느끼는 부모들을 보기도 했는데, 그들은 아이들을 그런 식으로 키우기 위해 밟았던 단계들을 다른 사람에게 말해주고 싶어서 안달이었다. 아이들에게 텔레비전, 비디오, 게임, 좋지 않은 음악, 데이트와 같은 것을 모두 금한 것, 아이들을 교회학교에도 보내지 않은 것, 이웃 친구도 사귀지 못하게 하고 홈스쿨로만 키운 것, 늘 얌전한 옷을 입고 머리를 단정히 빗은 것, 성경 구절을 암송하고 빵은 집에서 직접 만들어 먹은 것 등등.

복음의 은혜를 제대로 이해하는 사람이라면 어떤 영적인 성취를 개인적인 공로로 돌릴 수 없다는 사실을 잘 알고 있을 것이다. 우리는 전적으로 하나님의 작품이며(엡 2:10, 빌 2:13, 1:6), 우리 안에 있는 온갖 선한 것들은 모두 하나님의 선물이다(약 1:17). 우리는 자기 자신에게 공로를 돌릴 만한 일을 결코 스스로 아무것도 할 수 없다(엡 2:8-9, 갈 6:14, 롬 4:2, 고전 1:28-31, 고후 11:30).

그렇다. 우리가 최후 심판 날 하나님 앞에 섰을 때, 하나님께서는 이 땅에서 우리가 행한 대로 우리를 인정해 주실 것이다(고전 3:6-15, 마 25:21). 그러나 우리는 하나님께서 지금도 여전히 우리 인생의 배후에서 우리를 능력으로 붙잡고 계신다는 사실을 잘 알고 있다(행 17:28). 그리하여 우리는 마땅히 하나님께 모든 영광을 올려드린다(롬 11:36).

그런데도 우리 중 많은 사람은 공식에 의존하려는 경향을 보인다. 왜냐하면 우리의 타락한 본성은 자기 의존성에 이끌리게 되기 때문이다. 우리는 자기의 노력(행위)을 통하여 하나님께서 우리를 받아들이실 만한 무언가를 성취했다고 스스로 느끼기를 원한다. 본질상 우리는 율법주의자들이다.

('인간적인 노력'이 온 세상의 모든 그릇된 종교의 근본을 형성하는 이유는 우리의 타락한 본성이 자기 노력을 통해 '높은 자존감'에 도달하려고 애쓰기 때문이다. 그와는 대조적으로 은혜는 모든 선한 일에 대해 하나님께 모든 공로를 돌린다.)

아무리 '성경적인' 것처럼 보일지라도 우리가 원리, 방법, 또는 공식을 신뢰하는 것을 하나님께서 원치 않으신다는 것은 굉장히 중요한 부분이다. 하나님께서는 우리가 오직 그분만을 신뢰하기를 원하신다. 이 책자에서 일찍부터 강조했던 것처럼, 우리 책임은 하나님께 순종하는 것이며 하나님의 일은 그에 따라 열매를 맺게 하는 것이다(고전 3:6).

우리 아이들이 하나님과 이웃을 사랑하는 자가 되도록 성공적으로 양육하기 위해서는 오로지 완벽한 보호 아래만 두려고 한다거나 가장 좋은 성경적인 커리큘럼을 사용하려고 해서는 안 된다. 오히려 성공적인 자녀 양육이란 부모로서 우리가 해야 하는 일에 기초를 두기는 하지만, 그 결과에 대해서는 전적으로 하나님을 신뢰해야 한다. 위협하거나 통제하려는 자기 능력이나 스스로 우리 가정을 이끌어가려는 방법론을 절대로 신뢰해서는 안 된다.

만약 그리스도인들이 인간적인 노력으로 겉으로 보

기에 영적인 결과에 일관되게 도달할 수 있다면, 그 방정식에서 하나님은 어디에 계시는지를 묻고 싶다.

하나님께서 이스라엘 백성들을 어떻게 다루셨는지, 그리고 그리스도께서 이 땅에서 어떻게 행동하셨는지를 연구해본 뒤에, 나는 하나님께서 어떤 공식이나 방법론에서 단지 하나의 매개변수로 자신을 전락시키고 싶어 하지 않으신다고 감히 주장하는 바이다. 만약 성공을 위한 어떤 공식이나 방법이 일관성 있게 결과를 도출해내고 있다면, 과연 하나님께서는 그 방정식에서 어떤 자리를 차지하실지 곰곰이 생각해보기를 바란다.

예를 들어, 한 사람의 정교한 계획을 그대로 따라 해서 교회 성장이 지속해 이루어진다고 하자. 그런데 고작 교인의 10퍼센트가 교회 일의 90퍼센트를 감당하고 있다면 그건 바람직한 성장일 수 없다. 열매가 시원치 않다면 그 방법에 문제가 있다는 뜻이 아니겠는가?

또한 어떤 복음 전도 기술이 일관되게 그리스도를 향

해 수없는 '결단'을 끌어낼 수 있다면, 그런데도 이렇게 '얻은' 영혼들의 90%가 거의 곧바로 떨어져 나간다면, 그 결과들은 육신적인 것일 뿐이지 영적인 것은 아닐 가능성이 크지 않겠는가? 그런 교회에서 우리는 육신적인 수단을 통해 영적인 결과를 얻으려고 애쓰지 않겠는가?

그렇다. 신자가 사용하든 불신자가 사용하든, 제자훈련의 성경적인 원리들은 당연히 우리의 자녀들에게 멋진 행동을 할 수 있는 도움이 되긴 하겠지만, 멋진 행동이란 단지 피상적인 것일 뿐이다. 풍성한 열매를 맺는 자녀양육이란 우리 아이들의 마음에 영향을 미치는 문제이지, 단지 그들의 행동에 관한 문제가 아니다. 자녀의 마음에 제대로 영향을 주는 것은 우리의 통제로는 되지 않는다. 그 마음이란 각 개인에게 속한 것이며, 하나님께서 직접 만져야 할 부분이다.

가장 오랫동안 지속되는 가장 좋은 열매는 복음을 진정으로 믿고 성실하게 살아내는 가정에서 탄생한다는 사실을 지금까지 계속해서 목격해 왔다. 자기 방법론과 자신의 효과적인 원리들이 아니라 날마다 하나님을 의뢰하는 부모들은 자기 믿음을 성공적으로 아이들에게 전수할 가능성이 아주 크다.

나는 가장 전염성이 높은 자녀양육이란 우리 자녀들 앞에서 진심에서 우러난 믿음대로 살아가는 모습이라고 확신한다.

1. 온전한 인격체인 우리 자녀들

관계에 대해 정형화formulaic된 접근 방식을 적용하는 데에는 한 가지 문제가 있다. 그게 무엇인지 알겠는가?

사람은 자기 의지를 가진 개별적인 인격체로서 자신을 조종하기 위한 여러 가지 방법들에 성공적으로 종속될 수 없다. 이처럼 우리 자녀도 역시 사람이다. 아이들은 훈련이 필요한 영혼 없는 동물이 아니다. 또는 정해진 화학식대로 과정을 밟으면 반드시 보장된 결과를 내는 화학물질도 아니다. 아이들은 성장해감에 따라 외부적인 통제보다는 관계를 통해 훨씬 더 많은 영향을 받게 되는 정상적인 마음을 지닌 온전한 인격체임을 깨달아야 한다. 우리가 강력하게 추진하는 모든 시도에서 때때로 우리 아이들을 동료 인간이 아니라 케이크를 구울 때 들어가는 비인간적인 성분처럼 취급할 수 있다.

만약 아이들이 어떻게 훈련에 반응하는지를 완전히 통제할 수 있다고 생각하는 부모라면 자녀들을 사람으로 취급하기보다는 오히려 한낱 동물로 취급하게 될 것이다. 개는 행동 지향적이며 수도 없이 반복되는 같은 행동을 통해 어떤 자극에 반응하도록 얼마든지 훈련할 수 있다.

그러나 우리 자녀들은 사람이자 온전한 인격체로서 점점 자라나면서 아무리 계속해서 어떤 훈련에 반응하도록 할지라도 결국에는 자기 스스로 모든 일을 결정하게 된다. 만약 우리가 이와 같은 사실을 제대로 이해하지 못한다면 우리 자녀로서 그리고 그리스도 안에 있는 형제와 자매로서 마땅히 누려야 할 관계를 제대로 키워 가지 못하게 될 것이다. 덧붙여 말하자면, 그처럼 건강한 관계는 우리를 도와 사춘기 아이들의 마음에 훨씬 더 커다란 영향을 미치도록 할 것이다.

여러 해 동안 아내와 나는 자녀양육 과정을 주의 깊게 연구해왔다. 우리는 수많은 책을 읽었고, 엄청난 시간을 들여서 비디오를 보았으며, 상당히 많은 오디오 테이프를 들었다. 우리 아이들과 함께 어떤 성과에 도달하기 위해서는 무슨 짓이든 하겠다는 마음이 있었기 때문이다. 물론 성경적인 자녀훈련에 관해 지식을 쌓아가는 것에는 아무런 잘못도 없으며 사실상 그것은 굉장히 멋진 일이다.

그러나 우리는 주로 그 '과정'에 중점을 두었고, 새로운 기법을 조금씩 주워 모을 때마다 마치 커피 믹스로 커피를 타듯이 자녀양육 믹스에다 집어넣고 우리 아이들을 거기에다 복종시키기 위해 그것들을 마음껏 휘저었다. 물론 우리 가정에도 서로 간에 엄청난 사랑이 존재했지만, 영향력 있고 마음이 통하는 관계를 맺는다는 것이 무슨 의미인지에 관해 그릇된 개념을 가지고 있었다. 우리 역시 아이들을 사랑하기는 했지만, 우리 아이들의 존재는 이런 과정에서 온전한 인격체가 아니라 그다지 중요하지 않은 매우 하찮은 요소였다.

내 조리법은 부모가 상당히 많은 것을 통제하는 형식이었다. 매일 성경 말씀을 한 컵씩 주입하고 많은 양의 덕스러운 음악과 단정한 옷차림과 건전한 오락을 모두 큰 그릇에 가득 담아 홈스쿨이라는 오븐에 굽는다. 타이머는 아이들의 열여덟 번째 생일에 맞춰 놓는다. '땡' 하고 타이머가 울리면 완벽히 천사로 잘 구워진 아이들을 꺼낼 수 있다고 찰떡같이 믿었다. 효과적인 자녀양육의 핵심은 과정이 아닌 사람임을 여전히 모르고 있었다.

전국적으로 열리는 각종 홈스쿨 컨퍼런스에서 나는

자녀를 비인격체로 취급하는 부모를 여럿 목격했다. 전시장에 마련되어 있는 우리 부스에서 방문자를 기다리며 가만히 서 있는데, 나이 든 십 대 자녀들을 대동한 채로 나에게 다가오는 엄마나 아빠를 너무나 많이 만나서 그 숫자는 이루 다 헤아릴 수 없을 정도다.

그 부모들은 자녀와 갈등을 겪고 있는 문제에 관해 나에게 질문을 던지는데, 이렇게 이야기를 나누고 있는 바로 그 순간에 부모들이 말하는 아이가 바로 옆에 서 있는 녀석이라는 사실을 깨닫고는 화들짝 놀라게 된다. 이 부모들은 마치 성인기에 이른 자기 아이들이 어떤 감정을 느낄지는 전혀 안중에도 없는 것처럼 행동한다. 그렇게 당황스러워하는 젊은 친구의 눈을 바라보았을 때, 나는 그 아이들에게서 종종 집에서 뛰쳐나갈 수밖에 없다는 사실을 암시라도 하는 것처럼 별 관심 없는 표정이나 체념한 듯한 모습을 보게 된다.

나에게 접근했던 어떤 부모들은 자신을 난처하게 만드는 십 대 아이들을(그 자리에 함께 있지 않았을지도 모르지만) 변화시킬 무슨 방법이 있는지를 물어보았을 것이다.

지난 몇 년 동안 나는 이러한 부모들에게 풍성한 열매를 맺을 수 있는 상호작용이란 십 대 자녀에게 부모가 무엇을 하는 것이 문제가 아니라 그들에게 부모가 어떤 존재인지가 문제임을 설명하려고 끊임없이 노력했다. 그것은 하나님에 대한 참된 믿음을 가지고, 참다운 인격체인 우리 아이들과 참다운 관계를 맺는 가운데 그 믿음을 표현하는 것이다.

2. 관계가 깨지는 이유

상당히 여러 해 전에 아내와 나는 우리가 오로지 자녀양육의 '방법론'에 초점을 맞추는 동안 우리 아이들은 결국 어떤 공식에서 단지 조그만 매개변수로 밀려나게 되었음을 마침내 번뜩 깨닫게 되었다. 우리는 마치 자녀들이 무슨 '프로젝트'를 진행하는 대상이나 되는 것처럼 아이들과 피상적인 관계를 맺었다. 우리 아이들을 복종시켜야 할 공식과 원리에 더 많이 초점을 맞출수록 그 아이들은 점점 '단순한 수단'이 되어갔다.

우리 아이들이 점점 단순한 수단이 될수록 우리는 점점 의미 있는 관계를 맺지 못하게 되었다. 그렇게 점점 관계를 맺지 못할수록 우리는 점점 아이들의 마음을 잃게 되었다. 아이들의 마음을 얻지 못하면 우리는 점점 아이들에게, 또는 그들의 가치관에 영향을 줄 수 없게 된다.

우리가 규칙적으로 십 대 자녀에게 코치하거나 훈계하느라 많은 시간을 보낼지라도 우리가 내뱉는 온갖 그럴듯한 잔소리는 거의 소귀에 경 읽기라는 사실을 깨닫지 못한다. 우리 아이들의 마음을 얻지 못한다면 우리가 할 수 있는 최선은 더 많은 규칙을 만들고 새로운 보상안을 고안하여 내면이 아니라 외면에 영향을 미치려고 시도하는 것뿐이다.

나는 이 마지막 단락에서 논의한 여러 가지 요점들을 다시 한번 정리하려고 하는데, 그러면 여러분은 이 논의의 진행 과정을 일목요연하게 한 눈에 파악할 수 있을 것이다.

1. 우리가 여러 공식과 원리에 초점을 맞출수록, 우리 아이들은 점점 '단순한 수단'으로 전락하고 만다.

2. 우리 아이들이 점점 단순한 수단이 될수록, 우리는 점점 의미 있는 관계를 맺지 못하게 된다.

3. 우리가 점점 관계를 맺지 못할수록, 우리는 점점 아이들의 마음을 잃게 된다.

4. 아이들의 마음을 얻지 못하면, 우리는 점점 아이들의 가치관에 영향을 줄 수 없게 된다.

5. 아이들의 마음을 얻지 못한다면, 우리가 할 수 있는 최선
   은 외면을 통제하려고 시도하는 것이다.(적어도 일정 기간)

이제는 명확해졌는가? 아직 이해되지 않는 분이 있
을 텐데 그것은 자녀의 마음을 얻는 단계별 계획을 기
대하기 때문이다. 형식에 매달리는 사고방식은 색안경
을 끼고 보는 것과 같다. 많은 사람이 그리스도인의 삶
을 이런 식으로 보는 경향이 있는데 우리는 이런 사고
방식을 판별하여 버려야 한다.

남편과 아내 사이의 부부관계를 사용해 이 요점을 좀
더 구체적으로 설명한다면 아마도 그 뜻이 훨씬 더 명
확해질 것이다.

한 남자와 그의 아내에 대한 상황을 상상해보자. 이
를테면, 그 사람은 아버지학교 같은 곳에 참석하느라
온종일 외출했다가 저녁에 집으로 돌아와서는 그날 배
운 모든 것들을 곧바로 실천에 옮기려고 애쓴다. 그래
서 첫날 아침에 일어나자마자 남편은 실천 사항을 구

체적으로 적어놓은 큐 카드^{cue card}를 꺼내 들고는 여전히 잠자리에 누워있는 아내를 쳐다보면서 어설프게 카드를 읽는다.

"여보… 오늘 당신이… 참 아름다워 보이네."

아내는 약간 거북한 느낌이 들지도 모르지만, 어쨌든 남편이 진심을 담아서 그렇게 말해주었을 거라고 믿고 싶어 한다. 그러나 아직 자기 얼굴에 화장 크림을 지우지 않아서 아주 이상해 보인다는 사실을 너무나 잘 알고 있다. 게다가 남편의 말투가 아무리 근사할지라도, 남편이 '진심 어린' 사랑을 담아서 읽어야 하는데도 무성의한 느낌으로 가득하다면, 아내는 남편의 동기를 전폭적으로 신뢰하지 못하게 될 것이다.

아내의 기분은 무엇보다 남편이 노력하고 있다는 사실에서 어느 정도 고양될지도 모르지만, 그날 하루를 지내면서 남편이 하나씩 차례로 카드에 적힌 대로 '멋진 남편'의 모습을 교묘히 보여주려고 한다면, 그 사람은 단지 여성들을 휘어잡는 몇 가지 비법을 배웠을 뿐이라는 사실이 분명해진다.

이 남편은 그달만 하더라도 이미 17차례나 아내의 요리에 대해 비난을 퍼부었는데, 이제 와 느닷없이 '이 상황을 만회하기' 위해 플라스틱 조화 꽃다발을 꺼내오는 것이다. 또한 평소 장모님에 대해 날마다 잔소리를 늘어놓던 남편이 갑자기 그런 장광설을 그만두고 이제는 장모님이 정말 얼마나 멋진 분인지를 이야기하느라 억지로 꾸며낸 각본을 읊조리기 시작한다. 아내가 먼저 이야기를 꺼내기 전에 남편은 자진해서 지금까지 자신이 집어준 팁 명세를 꺼내 보여준다.

어떤 여성들은 자기 남편이 이렇게나마 조금이라도 노력을 기울이고 있다는 사실에 전율을 느낄지도 모르지만 대다수 여성은 이런 식으로 갑작스레 어떤 사랑의 행위를 보여주는 것보다 평소에 한결같은 모습으로 정말로 자신을 사랑해주는 남편을 훨씬 더 좋아한다. 어떤 여성은 자기 이야기를 건성으로 들으면서 듣고 있는 척 행동하는 남편이 아니라 실제로 충분히 주의를 기울여서 경청하는 남편을 원한다. 그 아내는 당연히 자기 남편과 참된 관계를 맺고 싶어 할 뿐, 마치 아내가 남편의 인생에서 무슨 문젯거리라도 되는 양 취급받기를 전혀 바라지 않는다.

아내는 단지 남편을 원할 뿐이다. 무슨 아버지학교 같은 곳에서 배운 판에 박힌 진부한 표현이나 교묘한 속임수 같은 것을 원하지 않는다. 그러한 여성은 쉽게 남편에게 이끌리기 어려울 것이다. 심지어 자기 보호벽 속으로 더욱 깊숙이 기어들어 가려는 유혹을 받을지도 모른다.

그러나 만약 어떤 남편이 그런 훈련을 받고 집으로 돌아와 아내에게 억지로 아부하려고 애쓰는 대신 오히려 아내를 강제로 변화시키려고 아내의 품위를 떨어뜨리면서 마음을 상하게 한다면 과연 어떻게 되겠는가?

예를 들어, 아내가 집안을 좀 더 산뜻하게 정돈하지 않으면 모든 경제권을 회수하겠다고 아내를 협박한다든가, 아내가 시간을 어떻게 보내는지 일일이 통제하기 위해 자동차 열쇠를 빼앗고 전화를 끊어버린다면 과연 어떻게 되겠는가? 아내가 무슨 영문인지 몰라서 우는데도 그에게 소리치면서 '여자들의 고전적 무기'를 사용한다고 비난한다면 어떻게 되겠는가 말이다. 내 생각에 대다수 여성은 그런 식으로 함부로 대하는 태도에 순복하기가 굉장히 어려울 것이다. 오히려 속으로 분노를 키우거나 거기서 한 걸음 더 나아가 밖으로 분노를 폭발시킬 게 분명하다.

   그처럼 거친 행동에 당당히 맞서 싸우는 여성의 태도는 이해할 만한 것이다. 왜냐하면 성경에서 가르치는 대로 아내는 희생적인 사랑을 받으면서 부드럽고 소중하게 다루어야 할 존재이기 때문이다(엡 5:25, 28-29). 또한 아내를 거칠게 다루어서는 안 되며(골 3:19), 오히려 특별한 배려와 존중함을 보이는 태도로 대접해야 한다(벧전 3:7).

   하나님의 통찰력 있는 권고사항을 무시하는 자는 어리석은 사람이다. 아무리 자존감이 있는 아내라도 함부로 대하는 남편과는 안전한 감정적인 거리를 유지하고 싶다는 유혹을 당연히 받을 것이다.

이 두 가지 각본에서 남편은 자기 아내에게 어떤 공식을 따르려는 정신 자세로 접근했다. 남편은 마치 프로젝트를 수행하듯이 아내와 관계를 맺었으며, 어떤 결과에 이르기 위한 다양한 기법과 책략들에 아내를 억지로 복종시키려고 했다. 정말로 남편이 해야 했던 일은 아내를 진정으로 사랑하는 것이었으며, 그 사랑을 기초로 아내와 진정 어린 관계를 맺는 것이었다.

아내가 한 여성과 동료 어른으로 평가받을 필요가 있는 것과 마찬가지로 우리 자녀들, 특히 십 대 아이들은 그 나이와 인격에 걸맞게 존중받아야 할 필요가 있다. 우리가 그 아이들과 마치 무슨 프로젝트를 진행하려는 듯이 관계를 맺으려 할 때, 그 아이들은 의식하지는 못할지라도 우리 눈에서 그런 모습을 어렴풋이 깨달을 수 있을 뿐만 아니라 겉으로 드러나는 우리 행동양식을 통해서도 충분히 감지할 수 있다.

그러나 우리 아이들은 진심 어린 상호작용에 최고로 반응한다. 그들을 충분히 경청할 만한 생각과 의견을 지닌 지적인 존재로 여기면서 존중하기를 바란다. 만약 우리가 아이들을 온전한 인격체로 대우하기보다는 마치 무슨 프로젝트를 진행하듯이 관계를 맺는다면, 아이들은 감정적으로 우리와 거리를 둘 가능성이 크다.

　그렇다. 우리는 여전히 자녀를 보호하고 그들에게 권위를 행사하며 아이들이 성인기에 이르기까지 다듬고 훈련할 책임이 있다. 그러나 아이들 역시 자기 생각을 나눌 기회가 있어야 하고 자기 이야기를 들어줄 사람이 가까이 있음을 알 필요가 있다.

　결국 제5장에서 논의했던 교훈으로 돌아가게 된다. 온전한 자녀양육은 부모가 무엇을 하느냐가 아니라 부모가 어떤 모습으로 아이들에게 다가가느냐 하는 문제이다. 방법론에 중점을 두는 정신 자세는 주로 올바른 결과를 낳기 위해 올바른 일을 행하는 것에 관심을 둔다. 우리 아이들은 단지 그리스도인답게 행동하기 위해 부모가 필요한 게 아니라 진정한 그리스도인이 되기 위해 부모가 필요하다.

나의 삶을 되돌아보건대, 첫 세 명의 아이와 더불어 나는 다른 사람들에게 우리 아이들이 어떻게 인식될까를 너무나 많이 염려했다는 사실을 깨닫게 된다. 우리 아이들의 행동이 나 자신을 그대로 투영하는 거울이라고 생각했으며, 그런 까닭에 내가 근사해 보이기를 원했다. 그러므로 내가 이야기한 예수님이나 나 자신에게로 우리 아이들을 이끌어왔던 동기는 진실한 믿음이 아니었으며, 그 아이들은 나의 체면을 기준으로 계속해서 내 눈치를 보게 되었다.

우리 아이들의 성품에 관한 참다운 관심은 내 평판에 대한 염려 때문에 오히려 빛이 바래고 무색해지게 되었다. 나와 마찬가지로 수많은 부모가 자녀의 마음을 얻기를 원하지만 신앙적으로 그 아이들을 철저히 끌어들이지 못하는 삶을 살고 있음을 발견하게 되었다.

3. 자녀들의 마음에 영향 주기

정형화된 부모들은 자신이 원하는 결과를 확실히 보장받기 위해 전형적으로 통제의 고삐를 단단히 죄게 된다. 그런데 이때 정말로 필요한 것은 우리 아이들의 마음에 점점 더 많은 영향을 미치도록 하는 것이다.

우리는 보통 마음이 끌리는 사람에게 가장 많은 영향을 받는다. 우리 아이들은 어떤 사람들에게 매력을 느끼고 끌리는가? 교회학교의 인기 있는 아이들인가? 유명 인사나 연예인인가? 아이들의 멋진 삼촌인가? 아마 아이들은 기본적으로 우리와 똑같은 몇 가지 이유로 다른 사람에게 매력을 느낄 것이다.

(1) 우리는 우리가 지향하는 가치를 우리에게 고스란히 물려준 사람에게 끌린다. (그게 바로 영웅의 모습이다.)

(2) 우리는 우리 자신에게 유익을 줄 수 있는 사람에게 끌린다.

(3) 우리는 우리 자신을 소중하게 느끼도록 해주는 사람에게 끌린다. (우리는 실제로 우리 자신을 좋아하거나 존중해주는 사람들의 가치관을 그대로 받아들이는 경향을 보인다. 특히 우리도 그 사람을 존경한다면 더 말할 나위가 없다.)

(4) 우리는 우리 자신이 존경하는 사람에게 끌린다. (우리는 그 사람들이 쉽게 무시할 수 없는, 충분히 기대할 만한 존재임을 보여줌으로써 그렇게 한다.)

(5) 우리는 그리스도께서 권능으로 머물러 계시는 동료 신자에게 끌린다.

단지 아이들의 행동이 아니라 그 마음에 영향력을 발휘하고 싶다면, 그것은 우리가 무슨 일을 하느냐가 아니라 어떤 사람이냐에 따라 달라질 것이다. 우리가 집에서 그냥 별생각 없이 겉으로만 사랑의 행위를 실천할 수는 없는 노릇이다. 우리는 진정으로 사랑해야 한다(고전 13:3).

우리는 단순히 성경 구절을 자기 가족들에게 낭독하는 정도로 그칠 수가 없다. 그 말씀은 우리의 놀라운 구세주를 가리키기 때문에, 우리는 그 말씀을 똑바로 바라보는 사람들이 되어야 한다(요 5:39).

또한 우리는 특히 기도 같은 영적인 활동을 '훈련'이나 '원리'로만 가르치거나 다룰 수는 없는 노릇이다. 우리 기도는 하늘에 계신 하나님 아버지에게 자기 마음을 쏟아놓는 사랑스러운 하나님의 자녀들에게서 나타나는 자연스러운 반응이어야 한다.

4. 자녀들의 마음을 부모에게로 돌이키기

하나님께서는 소선지서 가운데 하나를 통해 우리 자녀들의 마음을 돌이키는 문제를 명확하게 언급하고 계신다. 구약성경의 마지막 구절에서 하나님께서는 말라기 선지자를 통해 세례 요한이 주님의 길을 예비하기 위해서 올뿐더러 "그가 아버지의 마음을 자녀에게로 돌이키게 하고 자녀들의 마음을 그들의 아버지에게로 돌이키게"(말 4:6) 하려고 온다고 예언하신다. 이 구절은 가정 중심적인 사람들이 많이 인용하기는 했지만 그 말씀을 깊이 있게 주해한 것은 거의 들어본 적이 없다. 아래와 같은 질문을 한번 곰곰이 생각해보자.

만약 말라기 4장 6절이 진짜 예언이라면, 언제 세례 요한이 그 말씀을 성취했단 말인가?

수많은 설교와 가르침 속에서 세례 요한은 단 한 번도 부모나 자녀를 언급한 적이 없지만, 우리는 하나님께서 그렇게 말씀하셨기 때문에 이 예언의 말씀이 충분히 믿을 만하다고 생각하고 있다. 이 말씀은 심지어 누가복음 7장 7절에 다시 언급되기도 했다. 세례 요한이 부모-자식 간 관계를 직접적으로 언급하는 것은 분명 하나님의 뜻이 아니었다. 세례 요한의 사역을 통해 나타나는 부수적인 효과로 부모와 자녀의 마음이 단단히 결속된다는 뜻이 분명하다.

그렇다면 세례 요한의 사역은 무엇으로 이루어져 있었는가?

세례 요한은 복음의 멋진 소식을 전파하면서(눅 3:18), 사람들에게 회개하라고 촉구했고(막 1:4), 이 세상의 모든 죄를 지고 가는(요 1:29) 하나님의 어린양을 가리켰으며(요 1:26, 34, 36), 사람들을 하나님과 화해하도록 했다(눅 1:16). 세례 요한의 말을 듣고 예수님을 통해 하나님과 화해를 이룬 사람들은 너무나 급격하게 변하여, 심지어 그 가족들도 변화될 수밖에 없으리라는 것이 하나님께서 의도하신 말씀의 의미다.

만약 진실로 이해하고 받아들이기만 한다면, 복음은 부모-자식 간의 관계를 훨씬 더 깊이, 단단하게 엮어

줄 것이다. 최소한 복음은 우리를 진짜 그리스도인으로 만들어줄 것이다. 하나님과 사람들 앞에서 참되고 정직한 사람으로 말이다.

처음에는 예수님의 순전한 복음에 이끌려 예수님께 인도함을 받았어도 그 복음이 우리 삶에서 이내 혼탁해졌을 가능성도 있다. 복음의 은혜를 믿는다고는 하나, 우리는 거의 무의식적으로 예수님께서 완성하신 일에다 우리 자신이 좋아하는 공식을 실행하기 위해 스스로 노력해왔다. 우리는 겉으로 드러나는 모양새와 외부적인 통제에 사로잡혀 끊임없이 복음을 혼탁하게 만들어왔는지도 모른다.

또는 우리가 애초부터 복음의 은혜를 이해하지 못했기에 가정에서 이루어지는 복음의 열매를 충분히 받아 누리지 못했을 수도 있다. 어느 경우이든 우리 마음의 눈이 열려 예수님을 볼 수 있기를 기도한다(요 12:21, 20:29). 예수님이 보이는 사람들은 그분을 따르는 데 방해되는 장애물을 아주 쉽게 내던진다(히 12:1-3). 또한 예수님을 정말로 보는 사람들은 더 자연스럽게 그분을 닮아간다는 사실을 깨닫게 된다(요일 3:2). 자기 주변 사람에게 가장 큰 영향을 끼치는 자는 바로 예수님을 진정으로 닮은 사람이다.

5. 예수님 바라보기

예수님은 세상이 아는 사람 중에 거룩함에 관해 가장 훌륭한 말씀을 전하신 설교자이셨지만, 오히려 야비한 죄인들과 사회에서 버림받은 하찮은 사람들을 자신에게로 끌어모으셨다.

예수님은 아주 높은 기준을 가지고 계셨고 의로움과 정결함의 결정판이셨지만, 웬일인지 믿을 수 없을 정도로 인기가 많으셨다.

예수님께서는 죄는 들추셨지만, 죄인들은 받아들이셨다. 악은 미워하셨지만 행악자들을 풍성한 자비로 긍휼히 여기셨다.

유대 사회는 바리새인들의 기준 때문에 위협을 당했지만 그런 회피와 통제, 형식의 종교에는 그 어떤 사람도 끌리지 않았다.

우리 아이들이 우리를 보면서 예수님보다는 바리새인의 모습을 더 많이 찾아내고 있지는 않은가? 우리가 자녀들에게 보여주는 예수님의 모습은 전혀 실제 예수님이 아닐 가능성이 크지 않은가?

정형화된 정신 자세에서 벗어나 제대로 영향력을 발휘하는 사람이 되기 위해 우리가 할 수 있는 가장 멋진 일은 복음의 은혜를 진정으로 이해하고 우리 가정에서 그 은혜에 따라 살아가는 것이다.

우리 자녀들이 부모를 통해 구세주의 아름다운 모습을 발견하기 위해서는 부모가 먼저 그분의 아름다움을 발견할 필요가 있을 것이다. 만약 우리가 아직도 예수님께 홀딱 반하지 않았으면서 아마도 자녀들은 그러리라고 생각하는 것은 모순이 아닌가? 우선 우리가 예수님을 진실로 만나보고 제대로 알아야 할 필요가 있다.

우리 주님은 너무나 멋진 분이시며, 결코 우리가 주님의 기뻐하심을 얻기 위해 단지 육신적인 노력을 기울이는 삶의 노예로 살아가기를 원하지 않으신다. 주님께서는 결단코 그리스도인의 삶이 압박감과 중압감에 시달리도록 의도하지 않으셨다. 그게 바로 주님께서 우리에게 이렇게 말씀하신 이유다.

"나는 마음이 온유하고 겸손하니 나의 멍에를 메고 내게 배우라 그리하면 너희 마음이 쉼을 얻으리니 이는 내 멍에는 쉽고 내 짐은 가벼움이라 하시니라"(마 11:29-30).

우리가 날마다 예수님의 온유하심과 겸손하심을 누리지 않고 있다면, 우리는 예수님께서 우리에게 전혀 의도하지 않으신 속박 아래 살아가는 것이다. 만약 우리가 그분의 안식을 누리지 않고 있다면, 우리는 마치 율법 아래 있는 유대인들처럼 인간적인 노력으로 하나님을 기쁘게 하려고 애쓰면서 살아가는 것이다.

예수님께서는 그분을 따르기가 쉽고 무겁지 않다고 말씀하셨다. 만약 우리 삶이 그렇지 않다면, 우리는 그분을 따르고 있지 않은 것이다. 우리는 지금까지 의심, 고역, 불확실성으로 가득한 삶으로 나아가도록 끊임없이 항로를 바꾸어 왔다.

구세주께서는 우리 가까이에 계시면서 공허한 삶, 생명력 없는 종교를 내다 버리고, 하나님의 긍휼하심을 온몸으로 체화하신 분에게로 나아오라고 요청하신다. 그분은 의로우셔서 악을 미워하시며 외식적인 종교를 몹시 싫어하신다.

그분은 이런 종교를 끔찍하게 싫어하시지만, 우리를 너무나 사랑하셨기에 자신을 십자가에 못 박히도록 내어주셔서 하나님의 진노가 우리 대신 자신에게 쏟아지게 하셨다. 이제 예수님께서는 그분의 못 자국 난 손을 우리에게 내미셔서 우리가 그 손을 보고 그분이 충분히 따를 만한 가치가 있는 놀라운 구세주임을 마음으로 선포하게 하신다.

주님을 사랑하는 것은 우리 아이들에 관한 문제가 아니다. 그것은 그분에 관한 문제다! 하나님께서는 예수님을 사랑하고 복음의 은혜를 받아 누릴 때마다 다음과 같은 부수적인 효과가 일어나도록 의도하신다. 곧 우리 아이들을 포함한 모든 사람이 우리 안에 있는 구세주의 만지심을 경험하게 되리라는 사실이다.

당신이 이러한 말씀들을 읽으면서 신선하고 새로운 방식으로 하나님의 은혜를 경험하게 되기를 기도한다. 그와 같은 은혜를 달라고 하나님께 부르짖어라! 또한 저 높은 곳에서 내려오는 능력이 당신에게 폭포수처럼 임하기를 기도한다!

오늘이 하나님의 사랑을 붙잡고 당신이 오랫동안 줄곧 찾아왔던 것을 그분 안에서 발견하는 날이 되기를 간절히 기도한다.

아멘!

마땅히 행할 길을 아이에게 가르치라

그리하면 늙어도 그것을 떠나지 아니하리라

[잠언 22:6]

자녀양육의 위기 극복하기

초판 1쇄 발행   2012년 1월 15일
초판 2쇄 발행   2014년 1월 10일
개정판 1쇄 발행   2023년 2월 25일

지은이   렙 브래들리
옮긴이   임종원 임하영
교정교열   박동은 황병규
발행인   박진하
편집   홍용선
펴낸곳   홈앤에듀

신고번호   제 379-251002011000011호
주소   경기도 성남시 수정구 복정동 639-3 정주빌딩 B1
전화   050-5504-5404

홈페이지   홈앤에듀 http://homenedu.com
패밀리   홈스쿨지원센터 http://homeschoolcenter.co.kr
             아임홈스쿨러 http://www.imh.kr
             아임홈스쿨러몰 http://imhmall.com
             아임홈스쿨러 페이스북 http://facebook.com/imhkr

판권소유   홈앤에듀

ISBN   979-11-978007-3-3   03230

값 11,000원